COLLECTION L'ŒIL DU SOUFFLEUR

dirigée par Astrid Cathala

# JOSEPH VEBRET

# EN ABSENCE

*THÉÂTRE*

PHOTOGRAPHIES DE FABIENNE AUGIÉ

L'ARCHANGE MINOTAURE

*À Delphine,*
*donc.*

*La solitude! Tu la connais, toi, la solitude?*
*Celle des poètes et des impuissants. La*
*solitude? Mais laquelle? Ah! tu ne sais pas*
*que seul, on ne l'est jamais! Et que partout*
*le même poids d'avenir et de passé nous*
*accompagne! Les êtres qu'on a tués sont*
*avec nous. Et pour ceux-là, ce serait encore*
*facile. Mais ceux qu'on a aimés, ceux qu'on*
*n'a pas aimés et qui vous ont aimé, les*
*regrets, le désir, l'amertume et la douceur, les*
*putains et la clique des dieux. Seul! Ah! si du*
*moins, au lieu de cette solitude empoisonnée*
*de présences qui est la mienne, je pouvais*
*goûter la vraie, le silence et le tremblement*
*d'un arbre!*

Albert CAMUS, *Caligula,* 1945

# PIECE EN CINQ TABLEAUX

*DEUX PERSONNAGES PRINCIPAUX : un homme (l'écrivain) et une jeune femme (la visiteuse).*

*DEUX PERSONNAGES ACCESSOIRES : un inspecteur de police et un gardien de la paix (n'apparaissant que dans le dernier tableau).*

*COSTUMES CONTEMPORAINS.*

*DÉCOR UNIQUE : une vaste chambre de bonne avec de gauche à droite une porte d'entrée, un canapé et une table basse en vis-à-vis, une armoire-bibliothèque, une table de travail et une fenêtre donnant sur la rue.*

# PREMIER TABLEAU

## *L'homme & la femme*

*La nuit, dans une grande pièce où règne un indescriptible désordre : à droite, une table de style ancien ; au centre, une armoire normande ; à gauche, un grand canapé recouvert d'un tissu sombre et une porte. Derrière la table, une fenêtre. La pièce est éclairée par les lumières de la rue provenant de la fenêtre, une lampe à abat-jour sur la table de travail et une autre à gauche du canapé mais qui laisse le tiers droit dans la pénombre.*

*Un homme d'une cinquantaine d'années travaille, assis à la table.*

*Il écrit.*

*Il est vêtu d'une robe de chambre un peu démodée, en imitation toile de Jouy aux motifs criards.*

*Le téléphone sonne. L'homme sursaute. Mais il ne réagit pas. Il continue à écrire.*

*Cinq sonneries puis de nouveau le silence.*

*Quelques secondes plus tard la sonnerie retentit de nouveau. L'homme pose très nerveusement son stylo, attend un peu, puis se lève à la recherche laborieuse du combiné sans fil qu'il trouve enfin dissimulé sous des journaux ouverts sur le canapé.*

*Il répond d'une voix cassante tout en retournant vers sa table de travail.*

L'HOMME. — Allô! Ah, c'est toi… Oui, c'est moi… Qui voudrais-tu que ce soit? Oui je travaille… Non je n'ai pas oublié, mais je n'aurai pas le temps de passer… Non, n'insiste pas, pas ce soir… Non, nous n'avions rien prévu : c'est toi qui avais décidé! (*Un temps.*) S'il te plaît, sois gentille, n'insiste pas… Comment je n'ai jamais le temps? Tu ne crois pas que tu exagères un peu? Non tu ne peux pas venir, je te répète que j'ai du travail… Oui, je sais, c'est le réveillon de fin d'année. Et quelle importance? Ce n'est qu'une date, rien d'autre… Mais si, je suis seul… Mais non, je ne m'énerve pas… Écoute, il est presque minuit et j'en ai encore pour plus de trois heures…

*Il regarde sa montre.*

L'HOMME. — D'accord, il n'est que onze heures quarante-cinq, qu'est-ce que ça change…?

*Il s'assoit sur le bord de la table basse.*

L'HOMME. — Non, même si tu restes assise sur le canapé, même sans bouger et même sans parler, je n'ai pas envie de te voir… Bon, allez, je raccroche, je n'ai pas que ça à faire… Mais quand donc comprendras-tu que mes priorités sont loin des tiennes? Je ne supporte pas la futilité de tes amis et de ces fêtes incessantes… J'ai une œuvre à accomplir, moi…! Non, je ne suis pas prétentieux… (*Un temps.*) Et puis merde! Salut!

*L'homme raccroche, soupire profondément et retourne à sa table de travail. Il écrit, rature, peste, froisse plusieurs feuilles de papier qu'il jette à terre. Le téléphone sonne à nouveau mais il ne répond pas.*

*Quelques minutes s'écoulent puis on frappe. Il se lève brusquement et se dirige vers la porte qu'il ouvre à la volée.*

L'HOMME. — Mais c'est incroyable! Je croyais t'avoir dit…

*Il recule de quelques pas.*

L'HOMME. — Pardonnez-moi…

*Entre une belle femme d'une trentaine d'années en tailleur sombre, chemisier blanc. Posément. L'homme s'écarte pour la laisser passer. Elle fait le tour de la pièce tandis qu'il referme lentement la porte. Puis elle se tourne vers lui.*

LA FEMME. — Vous attendiez quelqu'un…

*Sa voix est calme, douce, presque condescendante.*

L'HOMME. — Oui… Enfin, non…

LA FEMME. — Ce n'est pas une question, c'est une affirmation. Elle ne viendra pas ce soir. D'ailleurs, elle ne viendra plus…

L'HOMME. — Qui ?

LA FEMME. — Celle que vous pensiez trouver derrière cette porte, celle qui vient de vous téléphoner…

L'HOMME. — Je n'attends personne. Et d'abord, qui êtes-vous ?

*La jeune femme empile les livres et les documents qui jonchent le canapé, les pose sur le côté et s'installe confortablement.*

*Il la regarde faire sans réagir.*

LA FEMME. — Auriez-vous l'amabilité de m'offrir quelque chose à boire ? Un homme comme vous doit sûrement avoir en permanence une bouteille de Champagne au frais, un pur malt ou un très vieux Bourbon…

L'HOMME. — Mais faites donc comme chez vous…

*L'inconnue reste impassible. Elle regarde autour d'elle, fouille dans son sac, sort un étui et allume calmement une cigarette.*

*L'homme a toujours la poignée de la porte dans la main, incrédule. Il hausse progressivement le ton.*

L'HOMME. — Que me voulez-vous ? Qui êtes-vous ?

LA FEMME. — Calmez-vous, je ne fais que passer, ce ne sera pas long. C'est une chic fille, dommage que vous la perdiez.

L'HOMME. — Mais de qui parlez-vous ?

LA FEMME. — De celle qui vous a appelé tout à l'heure,

juste avant mon arrivée. Votre conquête du moment…

L'HOMME. — Vous la connaissez? C'est une amie à vous?

LA FEMME. — Non.

L'HOMME. — Ah, j'y suis, c'est elle qui vous envoie pour me parler, pour tenter d'arranger les choses entre nous… Ces gamineries sont ridicules. Maintenant sortez!

LA FEMME. — C'est vous qui êtes ridicule de vous mettre dans un état pareil…

L'HOMME. — Alors vous êtes sa sœur? Et qui sait, peut-être même son amante… (*Il éclate de rire.*) Si c'est pour me provoquer en duel, chère madame, je vous le dis tout net: je vous la laisse. D'ailleurs elle m'agace.

LA FEMME. — Toujours ce vieux fantasme récurrent. Décidément, avec vous les hommes nous n'en sortirons jamais! Je boirais bien un verre…

L'HOMME. — Bon, ça suffit, j'ai du travail; il est près de minuit.

LA FEMME. — Ce ne sera plus la peine…

L'HOMME. — Les plaisanteries les plus courtes… Vous connaissez la suite. Alors vous allez être gentille: vous partez ou je vous mets dehors.

LA FEMME. — Du calme, du calme. Nous avons à parler…

L'HOMME. — Mais je n'ai rien à vous dire, madame. Je ne vous connais pas, vous débarquez chez moi en pleine nuit, vous vous installez comme si de rien n'était et vous voudriez que je sois calme. Écoutez-moi, chère madame… (*Un temps durant lequel il la regarde des pieds à la tête.*) Au fait, madame ou mademoiselle?

LA FEMME. — Cela n'a aucune importance. Et rassurez-vous, je ne suis ni une représentante de commerce ni une admiratrice en mal de sensations fortes. Sachez d'emblée que je suis totalement insensible à votre charme, si tant est que vous en ayez.

L'HOMME. — Si c'est pour m'insulter… D'abord, quel est votre nom?

LA FEMME. — Mon nom ne vous dirait rien. (*Un temps.*) Et pourtant, nous nous connaissons depuis si longtemps…

*Il se plante devant elle, la regarde longuement et fixement.*

L'HOMME. — Je n'en ai pas le moindre souvenir.

LA FEMME. — C'est tout à fait normal.

*Il se penche, lui agrippe le bras et l'entraîne fermement vers la porte.*

L'HOMME. — Sortez immédiatement!

*Le téléphone sonne. Il lâche l'inconnue pour répondre.*

L'HOMME. — Allô. Oui c'est moi et visiblement c'est encore toi. Comment? Mais si, je suis seul… Seul! Tu comprends le français?

*Il raccroche brutalement, va à l'armoire, l'ouvre, se sert un verre d'alcool et va regarder par la fenêtre. Il tourne le dos à l'inconnue qui ne cesse de l'observer.*

LA FEMME. — Et moi? Vous manquez singulièrement d'éducation. Sans parler de cette jeune femme avec laquelle je vous trouve…

L'HOMME. — Ah! vous, écoutez! Cela ne vous regarde pas. Vous déboulez dans ma vie comme si elle vous concernait…

LA FEMME. — Elle me concerne plus que vous ne pourriez l'imaginer.

*Elle se lève, ouvre l'armoire et se sert à son tour un verre de whisky puis se réinstalle sur le canapé, jambes croisées, très confortablement. Elle fait tourner son verre, savourant des yeux le liquide ambré.*

L'HOMME. — Faites comme si je n'étais pas là, ne vous dérangez surtout pas pour moi, prenez toutes vos aises.

LA FEMME. — Je connais vos moindres habitudes depuis l'instant de votre naissance. Alors, après tout ce temps, vous pensez…

*Elle montre son verre à l'homme qui est toujours de dos.*

LA FEMME. — Vous permettez ?

L'HOMME, *sans se retourner.* — Non.

LA FEMME. — Tant pis pour vous, je le bois quand même. (*Elle trempe ses lèvres dans le verre.*) J'aurais préféré ce Bourbon que vous achetiez à Londres il y a une dizaine d'années. Mais bon, ne soyons pas trop exigeants.

L'HOMME, *se retournant brusquement.* — Comment savez-vous cela ?

LA FEMME. — Je vous ai dit que je savais tout de vous. Vous devriez vous calmer et vous asseoir, nous avons à parler.

L'HOMME. — Vous… (*Un temps.*) Vous êtes du genre qui insiste… Et visiblement, vous n'avez d'autre activité dans la vie que d'emmerder le monde.

LA FEMME. — Ne devenez pas grossier. C'est tellement en rupture avec ce que vous écrivez et cette image, surfaite d'ailleurs, dont vous êtes tellement soucieux.

L'HOMME. — Que savez-vous de mes soucis, de mon image et de ce que j'écris ? Arrêtez ! Arrêtez avec vos airs entendus. Je vous le redis pour la dernière fois, je ne vous connais pas.

*La femme reste impassible, comme si elle ne l'entendait pas, toujours très calme.*

LA FEMME. — Ce que je sais ? (*Un temps.*) Ce que je sais ? Que vous êtes par exemple très loin de l'homme que vous mettez en scène dans vos romans. On vous croirait Frédéric Moreau alors que vous n'êtes en réalité qu'un insignifiant Pierre Costals. Cynique, calculateur, jouant avec le cœur des femmes, et parfois même avec la vie des autres.

*Elle fouille à nouveau dans son sac et sort quelques feuillets pliés en quatre.*

LA FEMME. — Tenez, je vais vous lire quelque chose qui devrait vous rappeler des souvenirs… Une dénommée Sarah. Cela vous revient… ?

L'HOMME, *hésitant.* — Oui, une petite brune compliquée qui ne savait pas ce qu'elle voulait...

LA FEMME. — Ça, c'est vous qui le dites... Écoutez plutôt : « Monsieur, Ma valse hésitation a maintenant trop duré. Il me faut vous faire part de mes réflexions ainsi que de ma décision finale. »

L'HOMME. — Quelle prétention... !

*La femme poursuit sa lecture sans s'occuper de lui.*

LA FEMME. — « Cette lettre ne vous fera pas plaisir, mais elle vous permettra peut-être de me juger moins mauvaise que vous ne le pensez. Si j'ai tellement reculé le moment de vous dire tout cela, c'est qu'il n'est jamais facile d'avouer à quelqu'un pour qui on a de l'estime... »

L'HOMME. — Une gamine, compliquée, très jolie au demeurant, petite brune un peu triste, plus à la recherche d'un père que d'un amant...

LA FEMME. — Sûrement vous a-t-elle aimé, elle ! Mais vous avez fini par la lasser, comme toutes les autres...

L'HOMME. — Vous voulez rire ! Elle était effectivement comme toutes les autres : avide de considération, de sorties, de dîners en ville, de s'afficher à mon bras, d'avoir sa photo dans les journaux à scandales... Il m'aurait suffi de claquer des doigts et elle serait revenue ventre à terre.

LA FEMME. — C'est vous qui êtes prétentieux, je dirais même puant... Cette jeune femme est beaucoup plus forte que vous ne le pensez. Elle a eu le cran de vous écrire ces mots... Cette lettre, que vous avez jetée au panier... L'avez-vous seulement lue jusqu'au bout ?

*Elle reprend sa lecture. L'homme fait mine de ne pas écouter.*

LA FEMME. — « ... quelqu'un pour qui on a de l'estime et pourquoi pas une certaine affection, que son passage dans votre vie n'a été qu'un accident dû à une accumulation de circonstances malheureuses. Vous savez comme moi qu'il est des périodes plutôt noires dans lesquelles la présence d'une épaule accueillante vous fait croire à l'ébauche d'un sentiment tendre. La fièvre retombée, on se rend compte que l'on a plongé tête baissée dans quelque chose de trop grand que l'on n'a ni la force ni l'envie d'assumer…»

L'HOMME. —«Trop grand»… pour une fois, le mot est juste!

LA FEMME. — Ne soyez pas ignoble avec elle… C'est une très belle lettre qui quelque part m'émeut.

L'HOMME. — Normal, vous êtes une femme… Vous ne pouvez pas comprendre…

LA FEMME. — Facile! Trop facile mon cher. Mais vous n'échapperez pas à la fin de la missive… «Voilà ce que je voulais vous dire. Ne m'en voulez pas, je ne suis pas méchante ; simplement je veux vous dissuader de croire à quelque chose qui n'existe pas. Nos routes se sont croisées parfois, elles se croiseront peut-être d'autres fois, mais j'en doute, parce qu'elles n'iront pas ensemble…»

L'HOMME. — Ah! Reconnaissez que ce n'est pas français…

LA FEMME. — Si je n'étais pas en mission, là, tout de suite, je vous traiterais de salaud… «Vous êtes très différent de l'homme que j'aime, ou aimerai au point de vouloir lui donner tout ce que j'ai à donner. Malgré tout, nous pouvons nous revoir, si vous le désirez, mais je vous en prie, en laissant de côté ce sentimentalisme idiot que se croient parfois obligés d'adopter les gens qui se sont "connus"…»

L'HOMME. — Laissez-moi deviner. Oui, c'est vrai, je n'ai pas lu cette lettre jusqu'au bout. Je n'ai pas que cela à faire.(*Un temps.*) Et je parie que le mot "connus" est entre guillemets…

LA FEMME. — Oui. Comment aurait-elle pu l'écrire autrement?

L'HOMME. — C'est d'un convenu…

*La femme reste imperturbable. Elle poursuit sa lecture. L'homme est nerveux, agité, mais intrigué.*

LA FEMME. — «Dans cette histoire je ne regrette qu'une chose, c'est de vous décevoir en n'étant pas celle que vous rêviez… Je vous embrasse amicalement. »

L'HOMME. — Pas «celle que vous rêviez… », mais «celle dont vous rêviez… » !

LA FEMME. — Arrive un stade où il n'est même plus question d'être odieux, ni méchant… Mais meurtrier. En avez-vous seulement conscience… ?

L'HOMME. — Conscience de quoi? D'une petite conne qui essaie désespérément de récupérer un amour déçu? Cette lettre n'est en rien une lettre de rupture, mais une perche tendue… (*Silence.*) Et puis, après tout, un aigle n'attrape pas de mouches…

LA FEMME. — *Aquila non capit muscas…* On connaît… Vous n'avez donc rien compris… Mais ce n'est pas grave. La question n'est pas là. C'est une belle lettre, non? Vous ne pouvez pas nier qu'elle écrit bien…

L'HOMME. — Une gamine je vous dis… Elle devait avoir dix-sept ou dix-huit ans quand je l'ai rencontrée…

LA FEMME. — Possible… Mais vraisemblablement d'une maturité supérieure à son âge. Je pense qu'elle a cerné le personnage. Vous ! Ou plutôt celui que vous jouez en permanence… Je dis qu'à dix-sept ans, ce genre de lettre de rupture dénote d'un talent, d'un talent certain même… Le vouvoiement a quelque chose de désuet, une forme de sensualité mais aussi de respect… Cette jeune fille était trop bien pour vous, vous qui détruisez tout sur votre passage, même l'aspect poétique ou romantique des choses les plus simples…

*Il éclate d'un rire humiliant. Et s'approche progressivement du canapé, son verre à la main.*

L'HOMME. — Que savez-vous du talent? Ce ne sont que des mots mis bout à bout, des phrases certes joliment tournées. Vous n'allez tout de même pas comparer mon œuvre…

LA FEMME. — Et voilà… On y revient sans cesse…

L'HOMME. — Mais bien sûr…! J'y suis. Ça y est, j'ai tout compris! Vous êtes un critique, une journaliste sans foi ni loi qui cherche à me piéger pour publier un article dans une de ces gazettes à quatre sous, dans une feuille de chou de province peut-être… Tous les coups sont permis pour pondre de la copie… Même, si je comprends bien, fouiller dans mes poubelles et retrouver de vieilles missives rédigées par des gamines en mal de sensations fortes. Quel pouvoir, quel moment jouissif que d'écrire une lettre de rupture en vouvoyant le destinataire. Quelle frime vis-à-vis des copines. Cette lettre a dû faire le tour de la cour de récréation… Publiez-la, mais publiez-la donc, elle est plus à mon avantage que vous ne l'imaginez! Et puis, il est vrai qu'il est plus simple de pirater un auteur que de comprendre une œuvre … Je vous préviens, vous ne m'aurez pas. À partir de cet instant, je ne répondrai à aucun de vos sarcasmes.

*Il s'assoit sur le bord de la table basse et lui tourne le dos.*

LA FEMME. — J'en doute… Et vous divaguez, mon cher Maître. (*Un temps.*) C'est ainsi que vous aimez que l'on vous appelle, n'est-ce pas? Recalé deux fois à l'Académie française, mais aucune pudeur… Cette lettre n'est pas destinée à être publiée. Je voulais simplement vous démontrer que nous savons tout de vous. Vous faire prendre conscience que le moment est venu de faire un retour sur vous-même. Contrairement à ce que vous pensez, cette lettre n'a pas fait le tour de la cour de récréation… Cette lettre a été écrite dans un moment de désespoir, avec un espoir de réponse… Avez-vous au moins accusé réception? Non! Rien… (*Un temps.*) Une de perdue… (*Un temps.*) Pourtant vous paraissiez tenir à elle. Mais elle, elle résistait à votre jeu malsain et ambigu… C'est comme cette pauvre petite bonne: ne l'avez-vous pas renvoyée parce qu'elle refusait de vous appeler "Maître"…? Elle n'a pas compris. Gentille fille pourtant, parlant mal le français, certes, mais dévouée. Savez-vous ce qu'elle est devenue?

L'HOMME. — C'est pour me parler de cette pimbêche que vous m'envahissez? Peut-être êtes-vous sa sœur, ou qui sait, sa maîtresse…?

LA FEMME. — C'est une manie, vous voyez des amants et des maîtresses partout… Nous n'aborderons sûrement pas le thème de votre sexualité assez particulière, je dirais même débridée, celle d'un homme qui aurait une tendance naturelle à prendre ses rêves pour la réalité… Limite mythomane… Mais passons, ce n'est pas le sujet… Nous n'en avons malheureusement pas le temps. Le sujet serait d'ailleurs inépuisable… Tous les hommes et les femmes ne pensent pas qu'à cela, vous savez… Quant à moi, j'ai adoré les hommes. Et je vous ai déjà demandé de ne pas tomber dans la vulgarité. C'est trop facile! Non, je ne suis pas venue vous parler d'elle. Je sais que le fait qu'elle soit tombée malade à cause de vous n'est pas de nature à vous arracher le moindre soupçon de compassion. Ni qu'elle n'ait plus la possibilité de nourrir sa pauvre mère en raison même de votre suffisance et de cet orgueil démesuré qui vous étouffe…

L'HOMME. — Arrêtez, je vais pleurer!

LA FEMME. — Seriez-vous à ce point cruel?

L'HOMME. — Mais je n'en ai effectivement rien à faire de cette gamine inculte, qui ne savait que déranger mes papiers et bouffer mon oxygène. Une petite gourde… L'autre aussi… Comment dites-vous qu'elle s'appelait? Sarah? Idem, même combat… Des gamines, je vous l'ai dit, qui croient que c'est arrivé sous prétexte qu'elles alignent quelques phrases malhabiles sur une feuille de papier. Écrire ce n'est pas cela…

LA FEMME. — Chassez le naturel… Pourquoi êtes-vous gratuitement méchant? Vaniteux, prétentieux, arrogant? Et je sais ce que vous allez dire: vous allez me faire le coup de "la douleur et de la nécessité d'écrire", du "don de soi"…

L'HOMME. — Tout juste! Je constate avec plaisir que vous connaissez mon œuvre…

LA FEMME. — Oubliez pendant quelques minutes ce personnage odieux que vous êtes, arrêtez de jouer ce rôle inqualifiable… Vous souvenez-vous des premiers textes que vous écriviez? Quel âge aviez-vous? Dix-sept, dix-huit ans? Le même âge qu'elle en quelque sorte… Était-ce parfait? Je n'en mettrais pas ma main à couper… Vous souvenez-vous du premier texte vraiment élaboré? Je le connais. Vous étiez en convalescence, au sanatorium, en Suisse, suite à votre tuberculose… Qu'en avez-vous fait de ce texte? Sûrement l'avez-vous détruit, de peur qu'il ne soit publié, avec ses imperfections, qui, somme toute, sont normales quand on débute… Non, je sais, vous l'avez détruit parce que vos parents ne voulaient pas entendre parler d'écriture, de poésie, de romantisme… Ils vous désiraient notaire, avocat, voire fonctionnaire ou militaire… Un point en votre faveur: vous avez bravé les interdits… Vous avez été jusqu'à la rupture totale et définitive. Vous n'êtes même pas allé à l'enterrement de votre père… C'est dire! C'est votre choix. Et il est respectable, quoi que vous en pensiez, et quoi que vous pensiez de mon argumentation… Chacun sa vie…! Mais vous n'avez pas le droit de nier le talent d'autrui, surtout si au même âge vous ne faisiez pas mieux…

L'HOMME. — Mais cela suffit! Qui êtes-vous à la fin?

*Il se lève et la toise, menaçant. Elle ne bronche pas, très sûre d'elle.*

LA FEMME. — Je suis celle qui sait. Je suis en mission.

L'HOMME. — Un agent secret maintenant… Cette scène est surréaliste…

LA FEMME. — Ne le prenez pas comme cela. Cessez d'être constamment en représentation. Je suis celle qui sait. Tout simplement. Une preuve ? D'ici dix secondes le téléphone sonnera. Ce sera celle que vous aviez au bout du fil, juste avant mon arrivée. Et savez-vous ce qu'elle vous dira ? «Je te quitte, tu ne m'intéresses plus…» Mais elle ne le fera pas encore. Elle vous menace pour tenter de vous récupérer. Elle ne sait pas que c'est trop tard…

L'HOMME. — Qu'est-ce qui est trop tard ? Allez-vous parler clairement à la fin ?

*La sonnerie du téléphone retentit.*

LA FEMME. — Ah ! Qu'est-ce que je vous disais. C'est elle… !

L'HOMME. — Sûrement pas ! (*Il décroche nerveusement.*) Oui. Ah ! c'est toi… Encore toi. Je… (*Il écoute, puis raccroche.*)

LA FEMME. — C'était elle, n'est-ce pas ?

L'HOMME. — Je… (*Il est pensif puis se reprend.*) Non, non, c'était une erreur…

LA FEMME. — Je ne le pense pas. Que vous a-t-elle dit ?

L'HOMME. — Cela ne vous regarde pas.

LA FEMME. — Elle vous a dit qu'elle vous quittait parce que vous ne l'intéressez plus.

L'HOMME. — Oui… D'accord. Et qu'est-ce que cela prouve ?

LA FEMME. — Vous voyez, j'avais raison. Quand je vous dis que je suis celle qui sait…

L'HOMME. — Mais je ne vois rien du tout, ce n'est qu'une coïncidence.

LA FEMME. — C'est extraordinaire comme vous les hommes, même les plus intelligents, refusez de reconnaître l'évidence. Parce que vous êtes intelligent. Et c'est bien ce qui nous navre. Que n'avez-vous pas mis toute cette intelligence au service des autres, au service du bien. Toute cette énergie gâchée à votre seul profit. Vous avez tout concentré sur vous et votre petite personne, vos plaisirs, votre réussite, votre ascension sociale… Que dis-je, votre extraction sociale. N'avez-vous pas été jusqu'à falsifier votre passé, votre propre nom…? Comme ce texte, dont je vous parlais tout à l'heure, que vous avez détruit… Certaines tournures de phrases sont superbes, d'autres éloquentes quant à ce que vous êtes devenu par la suite, parlantes, lourdes de prétention narrative… Le sanatorium, la petite amie qui vous quitte… Vite remplacée d'ailleurs… (*Un temps.*) Comment s'appelait ce texte… Pardonnez-moi, j'ai une absence… Oui… Cela me revient: "Tranche d'oubli…". Le vouvoiement de la missive de Sarah paraissait vous faire sourire… Vous, vous parliez de vous à la troisième personne… Ce n'est guère mieux!

*Elle récite, de tête. L'homme allume une cigarette et fait les cent pas.*

LA FEMME. — « La pluie ne cessait de marteler les pavés, jouant sa chanson triste et monotone comme les roues d'un train sur des rails désaxés. De temps en temps une goutte venait frapper au carreau, le rappelant à l'ordre en le tirant de ses rêveries. » (*Un temps.*) Il y a des idées, un style qui demande à s'affirmer… « Le nez collé à la vitre, il ne la voyait pas, il ne voyait rien, plus rien, enfoui au plus profond de lui même, il était triste, mais heureux d'être triste, savourant comme une gourmandise cet état d'âme familier… »

L'HOMME. — Arrêtez… Ce texte ne tient pas la route… Vous voulez m'humilier? Où l'avez-vous trouvé?

LA FEMME. — Je vous ai dit que je suis celle qui sait… Je veux seulement vous faire admettre qu'au même âge que Sarah, votre style, comme le sien, avait encore besoin de s'affiner, d'être travaillé, maîtrisé… Et j'en arriverais même à trouver sa lettre de rupture plus aboutie, mieux écrite que cette complainte… Laissez-moi poursuivre. C'est maladroit, mais je dois reconnaître que cela a de la gueule, sans pour autant vous paraître vulgaire…

L'HOMME. — Arrêtez! C'est un texte de jeunesse…

LA FEMME. — Je ne dis pas le contraire, tout comme la lettre de rupture de Sarah… Pareil!

L'HOMME. — Qu'attendez-vous de moi? Que je me prosterne…?

LA FEMME. — Non, tout simplement que vous cessiez de dénigrer systématiquement les efforts des autres…

L'HOMME. — Mais c'est un procès que vous me faites.

LA FEMME. — Vous ne croyez pas si bien dire. Attendez la suite de votre texte… Je veux…

L'HOMME. — Vous voulez? Vous voulez…! Mais de quel droit? À quel titre? Pour qui vous prenez-vous?

LA FEMME. — Vous le saurez bientôt. J'insiste: je veux vous faire prendre conscience de votre prétention, de votre hermétisme vis-à-vis du talent des autres, et pourtant, je vous l'avoue, je trouve votre premier texte presque émouvant… «Sa vie, il la voyait, elle lui collait à la peau.» Déjà à la troisième personne… Mais bon, pourquoi pas… «Il la voyait à reculons, comme un film entre guillemets. Comme un mauvais perdant balaie l'échiquier d'un revers de bras, croyant gommer ses erreurs de tactique.» (*Un temps.*) C'est vrai, c'est un texte de jeunesse. Un beau texte, manquant certes de maturité… Presque aussi beau que la lettre de rupture de Sarah…

L'HOMME. — C'est une obsession chez vous…

LA FEMME. — Acceptez juste que je vous cite quelques extraits. Rassurez-vous, pas tout le texte, certains passages sont lourds et rébarbatifs. Mais d'autres semblent indiquer que vous auriez pu "tourner", si vous me permettez cette expression, différemment, positivement dirais-je même:

« Il voulait vivre pour créer, créer pour vivre et pour ce faire il lui fallait se recréer lui-même : réapprendre à marcher, réapprendre à vivre, sans rien regretter, sans jamais espérer. » (*Un temps.*) Que ne l'avez-vous pas fait ainsi ?

*Il ne répond pas, ouvre l'armoire, se sert un verre et se dirige vers sa table de travail.*

LA FEMME. — Non, non, attendez, je n'en ai plus pour longtemps. On sent bien que vous aviez du talent… Pourquoi ne pas l'avoir exploité… ?

L'HOMME. — Je me souviens parfaitement de ce texte, il était destiné à celle qui est devenue ma femme, quelques années plus tard… Ce n'est pas une œuvre littéraire, c'est…

LA FEMME. — Je n'affirme pas le contraire… C'est une lettre envoyée du sanatorium à Laurence dont vous étiez amoureux. Du moins c'est ce que vous lui écrivez…

L'HOMME. — Puisque je vous dis que je l'ai épousée !

LA FEMME. — Cela ne veut rien dire… C'est une lettre, au même titre que celle de Sarah, dont vous vous moquez ouvertement des maladresses de style…

*L'homme quitte sa table et se plante devant elle.*

L'HOMME. — Qu'est-ce qui vous permet de me juger, sous mon propre toit ? De quel droit pénétrez-vous chez moi pour me débiter des horreurs qui n'ont aucun sens ? Allez-vous partir à la fin ? Allez-vous me laisser ? Qu'attendez-vous de moi ? Voulez-vous que j'appelle la police ?

LA FEMME. — Avez-vous honte de vous-même, de ce que vous écriviez à l'époque cruciale où tout adolescent se construit ? Vous avez tort. Appelez donc la police, si pour vous c'est un moyen d'échapper au dialogue. Mais cela ne changera rien. Croyez-vous que la police se déplacera un soir de réveillon, la nuit du jour de l'an ? Vous rêvez, comme à votre habitude !

L'HOMME. — Vous oubliez qui je suis ?

LA FEMME. — Cette arrogance ne vous quittera donc jamais? Et qui êtes-vous pour prétendre à ce que le monde s'organise autour de vous? Ce ne sont pas quelques romans de gare qui...

L'HOMME. — Quelques romans de gare dites-vous? Plusieurs prix littéraires, trois pièces jouées plus d'un an chacune... Et en novembre prochain le Goncourt? Des romans de gare? Laissez-moi rire...

LA FEMME. — Oui, je vous le redis: quelques romans de gare. Les textes auxquels vous faites référence n'ont rien à voir avec ce que vous avez écrit par vous-même. Après des débuts fulgurants, un superbe premier roman, difficile, un véritable exercice de style, mal vendu, normal, mais repéré par la critique, vous vous êtes laissé aller à la facilité, à ce qui fait vendre à coup sûr... Au marketing qui permet de jouer sur les modes et les attentes des lecteurs, aux Prix littéraires qui demandent plus de dîners en ville et de compromissions que de talent... Vous êtes devenu un faiseur alors que vous étiez un créateur... Le goût du luxe, et surtout de la lumière, vous auront perdu... Oui, je le redis: quelques romans de gare... Au fait, qu'est devenu ce jeune étudiant qui travaillait pour vous à l'époque? Il était à Normal-Sup si je me souviens bien?

L'HOMME. — Comment savez-vous cela?

LA FEMME. — Je vous ai dit que je savais tout de vous. Tout comme je sais dans quelles conditions vous vous êtes séparé de ce charmant jeune homme. Une plume, lui, un vrai écrivain. Vous n'avez pas supporté l'idée qu'il puisse publier un jour sous son propre nom, et vous avez tout fait pour qu'il disparaisse de la circulation.

L'HOMME. — Voulez-vous insinuer que je l'aurais...?

LA FEMME. — Tué? Non, il est toujours en vie. Manutentionnaire dans une grande surface. Plus que dépressif, à la limite de la folie. Comment se battre contre un écrivain – Dieu que ce mot est dur à prononcer vous concernant – contre un individu illustre qui vous accuse d'avoir volé l'un de ses manuscrits ?

L'HOMME. — L'affaire a été jugée. Son vol a été reconnu…

LA FEMME. — Jugée par qui ? Pas par la justice, mais par une commission d'experts qui ne pouvait que rendre un tel verdict. Et vous le saviez : ils se sont basés sur vos autres livres. Comme par hasard le style était le même. Et pour cause…

L'HOMME. — Cela suffit. J'appelle la police.

*Il se dirige vers le téléphone.*

LA FEMME. — Ne perdez pas votre temps. Ils ne viendront pas, je vous l'ai dit. Et quand bien même, ils vous trouveraient seul. Imaginez le scandale. La rumeur ira bon train. On dira de vous que vous buvez et que vous souffrez d'hallucinations. Certains iront même jusqu'à suggérer que l'alcool est responsable de votre improductivité. Depuis combien de temps n'avez-vous pas publié ? Deux ans ? Trois ans ? Depuis cette fameuse affaire en fait.

L'HOMME. — Si la police vient, il vous faudra bien justifier votre présence ici, en plein milieu de la nuit.

LA FEMME. — Je vous ai déjà dit que la police ne viendra pas. Et même si elle venait, elle ne me verrait pas.

L'HOMME. — Et pourquoi ?

LA FEMME. — Parce que je n'existe pas.

L'HOMME. — Je ne comprends rien à votre charabia. Vous êtes visiblement au courant de beaucoup de choses, trop de choses. (*Un temps.*) Et que faites-vous du manuscrit sur lequel je travaille ?

LA FEMME. — Voulez-vous vraiment que nous en parlions, de ce manuscrit inachevé, bancal, dont vous n'êtes même pas capable de rédiger la fin… Ai-je tort ou raison ?

Je repose ma question : depuis combien de temps n'avez-vous pas écrit par vous-même… ?

L'HOMME. — Et moi aussi je repose ma question : que savez-vous de tout cela ? Je n'ai pas et je n'ai jamais eu de "nègres" comme vous semblez le penser, simplement des documentalistes pour gagner du temps… Ils me fournissent les bases, sur lesquelles j'imprègne toute ma valeur ajoutée. Je n'en ai jamais parlé à personne. Même mes éditeurs ne connaissent pas ces quelques étudiants qui m'aident.

LA FEMME. — Qui vous aident, le mot est faible. Ce ne sont pas simplement des bases… Et qui plus est, ils ont tous créé pour vous, quasi bénévolement…

L'HOMME. — Ils ne sont pas obligés d'accepter. Ils apprennent. Nous sommes tous passés par là…

LA FEMME. — Mais soyez donc honnête avec vous-même : dans votre esprit, ils côtoient Le Maître, l'auteur à succès… Vous n'êtes qu'un usurpateur ! Pire encore. Vous faites partie de l'espèce des prédateurs : en fait, vous n'êtes même pas un faiseur. Vous n'êtes qu'un reformulateur…

*L'homme va pour répondre mais elle poursuit.*

LA FEMME. — Rendez-vous à l'évidence. Je sais tout de vous. Je sais même que ce manuscrit, sur lequel vous suez sang et eau, a été refusé deux fois par votre éditeur avec lequel vous êtes maintenant brouillé. Vous en cherchez un autre. Est-ce que je me trompe ? Vous essayez même de faire passer l'idée d'une évolution dans votre style. Paris commence à sourire, à bruisser. On murmure parfois que vous n'avez plus le feu sacré, que vous ne savez plus écrire, que vous n'êtes qu'un mystificateur… Si je vous laissais vivre encore quelques semaines, ce serait l'enfer pour vous. Car il ne sera plus question de perte d'inspiration mais effectivement de nègres qui vous secondent. Pardonnez-moi : de "documentalistes"… Avouez que vous êtes incapable d'écrire seul. De penser seul. De vivre seul… Vous vous isolez parce que vous avez peur. Oui peur! C'est le mot. Peur de vous, peur des autres, peur de tout. Peur surtout d'être seul… Peur d'être seul devant votre copie, et pire encore, d'être seul avec vous-même…

L'HOMME. — Peur de quoi? De vivre? Mais vous plaisantez? Peur de quoi…? De me laisser vivre? Mais que me voulez-vous? Vous êtes venue pour me tuer, c'est cela?

LA FEMME. — Vous tuer? Mais vous voulez rire? Vous êtes déjà mort, et ne le savez pas encore… Regardez-moi, je n'ai aucune arme. Pourquoi vous isolez-vous depuis trois mois? Auriez-vous pris conscience de votre fatuité?

L'HOMME. — N'employez pas de mots dont le sens exact vous échappe. Il n'y a de vrai que la solitude. L'isolement, le retour sur soi, le regard sans complaisance, le pouvoir de l'imagination. Que dis-je…? Le pouvoir sensuel de l'imaginaire… Loin des déceptions. Dans ce même lieu je vis, j'écris en pensant à ces mêmes mots que j'écrivais sous la plume d'un autre voici quelques années. Nous avons tous vécus sous la férule d'un autre… Nous vivons tous, plus ou moins, au travers de quelqu'un… Une femme, une épouse, une maîtresse, un espoir de conquête… Et puis, nous avons tous fait nos classes en étant d'abord documentalistes… Je n'ai honte de rien! Je ne fais que reproduire, effectivement… Comme tous les écrivains de ce monde. Mais pas comme vous l'imaginez. Écrire est une douleur que peu de gens peuvent comprendre… Écrire est une nécessité, que peu de femmes peuvent admettre dans l'intimité du quotidien… C'est du temps, de l'isolement, des absences tout en étant présent… L'ébauche d'un roman, qui, comme tous les romans d'ailleurs, ne retranscrit que la réalité, est une épreuve que personne, autre que l'auteur, ne peut appréhender… Ne reste qu'une solution: attendre et rester libre, en se disant qu'ainsi tout peut – tout doit – arriver et arrivera. Il faut du courage et de la patience. Seulement du courage et de la patience... Rien de plus, et tout arrivera à son heure. Alors pour ce qui est de la peur, vous repasserez !

LA FEMME. — C'est plus fort que vous. Même seul, sans véritable public, vous vous sentez obligé d'être grandiloquent. Non seulement vous ne pensez pas un seul mot de ce que vous venez de dire – ce n'est en fait que celui que vous cherchez à être qui s'est exprimé, l'image publique, le double en réalité insensible – mais, en plus, vous n'avez, dans vos écrits, jamais mis en pratique ces préceptes somme toute intelligents et réalistes. André Gide...

L'HOMME. — Vous n'allez tout de même pas me comparer à ce...

LA FEMME. — À ce quoi ? Allez au bout de votre pensée. Je sais ce que vous alliez dire : "à ce pédé". Sûrement pas ! D'ailleurs il ne s'en est jamais caché. Sur ce terrain-là, chacun doit vivre sa vie comme il l'entend et comme elle s'impose à lui... Ce qui, d'ailleurs, ne l'a jamais libéré de son hésitation entre sa recherche de sensualité et son puritanisme... Et puis, il a aimé des femmes, quoi que vous en pensiez. Et je ne vois pas en quoi le comportement sexuel d'un individu, de quelque nature que ce soit, puisse lui retirer la moindre parcelle de talent... Un vrai romancier, lui... (*Un temps.*) Un écrivain, un vrai... Gide avait une approche du livre qui est à l'opposé de la vôtre. Il n'avait pas besoin de "documentalistes"... Il laissait vivre ses personnages. Et pas que ses personnages... Son entourage également. Il disait une chose toute simple... (*Un temps.*) De mémoire. Vous ne m'en voudrez pas si je tronque certaines phrases : « Le mauvais romancier construit ses personnages ; il les dirige et les fait parler. Le vrai romancier les écoute et les regarde agir ; il les entend parler dès avant que de les connaître, et c'est d'après ce qu'il leur entend dire qu'il comprend peu à peu qui ils sont.» Et vous, vous me faites penser à ces acteurs du début du cinéma parlant, obligés de déclamer plutôt que de parler normalement…

L'HOMME. — Je ne réagirai pas. Je ne vois pas où vous voulez en venir, si ce n'est d'étaler votre science. Je sais quoi penser de Gide… Des mots, rien que des mots! En revanche, vous êtes incroyable… Pour une fois que je redeviens moi-même, vous gommez ma sincérité… Et puis, je vous dispense…

LA FEMME. — Mais de quoi auriez-vous à me dispenser? D'ailleurs je constate que vous reconnaissez avoir écrit sous la plume d'un autre…

L'HOMME. — Vous ne comprenez donc rien. Il n'est pas question d'un quelconque nègre, mais de ce que j'étais à vingt ans : un con, sot, gentil, bien élevé… Regardez-moi à présent, je suis devenu un homme.

LA FEMME. — Oui, mais à quel prix? Nous n'avons sûrement pas la même définition de ce qu'est un homme cher ami.

L'HOMME. — Je ne suis pas votre ami!

LA FEMME. — Moi je suis le vôtre, ou la vôtre, comme vous voudrez. C'est vous le Maître… Malgré tout ce qui vous est reproché, je suis là pour vous aider.

L'HOMME. — Pour m'aider? Mais vous plaisantez? Vous vous installez chez moi, vous m'empêchez de travailler, vous m'accusez de je ne sais quoi, et, qui plus est, vous dites être mon amie… Nous ne nous sommes jamais rencontrés. Jamais! C'est clair, n'est-ce pas?

*Il va jusqu'à la fenêtre et regarde la rue. L'inconnue fume, nerveusement.*

LA FEMME. — Visiblement, vous n'avez pas saisi le sens de

ma visite. Je suis ici en mission. Comment pourrait-on dire cela? En mission... disons... "divine". Dans moins d'une heure vous serez définitivement mort. Je dois vous aider à y voir clair avant.

L'HOMME, *toujours de dos.* — Tiens, il pleut!

LA FEMME. — Et apparemment ma tâche, cette nuit, sera rude. Je vous annonce votre décès et tout ce que vous trouvez à dire c'est: "tiens, il pleut"... Vous êtes incroyable, inaccessible...

L'HOMME, *toujours de dos.* — Que vous dire d'autre. J'en ai pris mon parti.

LA FEMME. — À la bonne heure! De mourir?

L'HOMME. — Non, pas de mourir. De votre présence ici. Arrivera bien le moment où vous allez partir.

LA FEMME. — Assurément. Mais avec vous. Écoutez, soyez raisonnable. Ne vous ai-je pas donné la preuve que je savais tout de vous? Ne rendez pas ma mission plus pénible qu'elle ne l'est. Je suis passée par où vous passez tout de suite. Je sais ce que c'est. Alors laissez-moi vous expliquer. Cette démarche est systématique. En fait, vous êtes déjà mort. Je vous l'ai dit, mais vous ne m'avez pas entendue. Le temps ne compte plus. Nous avons soixante minutes maximum de l'espace temps des hommes pour faire le point.

L'HOMME. — Arrêtez vos conneries. Je suis fatigué de vous entendre.

LA FEMME. — Écoutez-moi: le téléphone va sonner. Vous allez décrocher, mais elle ne le saura pas. Vous allez lui parler, mais elle ne vous entendra pas. Et vous, vous l'entendrez dire à ses amis: "Il n'y a personne". Serez-vous convaincu?

L'HOMME. — Je suis fatigué, vous entendez? Fatigué de tout ce cinéma. Alors qu'on en finisse. J'appelle les flics.

*Le téléphone sonne, il décroche, met la main sur le combiné.*

L'HOMME. — Attendez-vous à être ridicule. Allô? Allô?

C'est toi? Je suis là, tu m'entends? Viens, j'ai envie de te voir... Allô? Allô? (*Il se tourne vers l'inconnue.*) Elle ne m'entend pas. (*Il raccroche et va s'asseoir à sa table.*)

LA FEMME. — Que vous a-t-elle dit?

L'HOMME. — Rien, elle ne m'entendait pas. Elle a dit à ses amis que je n'étais pas là.

LA FEMME. — Ainsi vous me croyez à présent?

L'HOMME. — Coïncidences! Ce ne sont que des coïncidences. C'est son téléphone qui doit être détraqué.

LA FEMME. — Ne lui avez-vous pas demandé de venir? En fait vous avez peur. Vous voyez comme la peur peut transformer un homme. Il y a une demi-heure à peine vous vouliez la quitter. Depuis que vous savez qu'elle va le faire, vous vous accrochez. On n'aime jamais autant les autres que lorsqu'ils s'éloignent... Et vous ne supportez pas l'idée de ne plus l'intéresser. "Supporter" n'est pas le bon mot: vous n'imaginez pas, une seule seconde, qu'un individu puisse se passer de vous.

L'HOMME. — C'est d'un commun...

LA FEMME. — Oui, mais tellement vrai vous concernant...

L'HOMME. — Bon!

*Il se lève, fait les cent pas dans la pièce, puis retourne à l'armoire se resservir un verre. L'inconnue lui tend son verre qu'il ignore. Elle se lève à son tour pour se servir.*

L'HOMME. — Si je comprends bien, je suis mort et vous êtes en... "mission". Comment avez-vous dit...? Divine... L'autre, là-haut, fait travailler des femmes... On aura tout vu!

LA FEMME. — Je vous en prie, ne blasphémez pas. Homme ou femme, cela n'a plus d'importance, ce n'est qu'une enveloppe charnelle...

L'HOMME. — En parlant d'enveloppe charnelle, la vôtre pourrait tout à fait être à mon goût. Bien que vous ne soyez ni mon genre ni le type de femme qui m'attire d'ordinaire...

*Il s'approche d'elle pour la toucher. Elle est de nouveau assise, jambes croisées très haut. On devine la limite des bas. Elle le repousse gentiment.*

LA FEMME. — Ne jouez pas à cela. Je vous ai déjà dit que votre charme ne m'importait pas. Je suis en mission.

L'HOMME. — Mission mes fesses, oui! Vous êtes toutes prêtes à n'importe quoi pour approcher Le Maître.

LA FEMME. — Voilà que cela vous reprend. La vulgarité n'arrangera rien. Que faut-il donc que je fasse pour vous convaincre?

L'HOMME. — Rien, partez, laissez-moi travailler. Je vous en prie. Respectez au moins la vie des autres.

LA FEMME. — La vie? Mais c'est de cela dont il s'agit. Uniquement de cela. Avez-vous respecté la vie des autres? N'avez-vous rien à vous reprocher?

L'HOMME, *il fait les cent pas.* — Nous avons tous quelque chose à nous reprocher, si c'est cela que vous voulez m'entendre dire... Êtes-vous satisfaite? Alors partez! J'ai l'impression de vivre un cauchemar. J'attends le moment de me réveiller.

LA FEMME. — Vous ne vous réveillerez pas. Et c'est ensemble que nous partirons...

L'HOMME. — Où?

LA FEMME. — Vous le savez bien.

L'HOMME. — Je ne sais rien. Où...?

LA FEMME. — De l'autre côté. Le moment est venu. On ne s'y attend jamais parce qu'on croit toujours que les autres partiront avant.

L'HOMME. — Écoutez-moi. Cette comédie n'a que trop duré. Vous êtes jolie, vous me paraissez intelligente...

LA FEMME. — Une femme intelligente? Comment cela peut-il exister?

L'HOMME. — Laissez-moi poursuivre… Vous êtes intelligente. Alors cessez de m'importuner, allez-vous en… (*Il se met à genou.*) S'il vous plaît. Laissez-moi travailler… Que voulez-vous de moi? Qu'attendez-vous? De l'argent?

LA FEMME. — Rien de tout cela. Je suis en mission. Vous êtes plus coriace que je ne l'aurais cru. Une question: quand votre frère est-il mort?

L'HOMME. — Vous devriez le savoir, vous qui savez tout…

LA FEMME. — Il est mort voici cinq ans. Un samedi soir, le jour de la Toussaint. Je me trompe? Et vous ne l'avez appris que le dimanche, alors que vous vous trouviez dans un hôtel, en Sologne, avec l'épouse de votre éditeur… Décidément, vous n'échapperez à aucun lieu commun.

L'HOMME. — Et alors? Je ne vois pas où vous voulez en venir.

LA FEMME. — Puisqu'il me faut vous convaincre, d'autant qu'il ne nous reste plus beaucoup de temps: regardez le téléphone, là, à vos pieds. Dans trois secondes il va sonner, ce sera lui au bout du fil. Il vous dira tout simplement: "à tout à l'heure"…

L'HOMME. — Morbide, vous êtes morbi…

*Le téléphone sonne. L'homme décroche, effrayé.*

L'HOMME. — Allô…?

*Il écoute, se voûte progressivement, le combiné lui échappe des mains. Il se tourne vers la femme.*

L'HOMME. — Mais… vous… vous êtes le Diable!

LA FEMME. — Non, loin de là, même pas un intermédiaire. Et, vous concernant, tout est décidé. Nous ne pouvons plus reculer. Alors calmez-vous. Qui était-ce?

*L'homme se dirige vers sa table et s'assoit, la tête entre les mains.*

*Il va pour parler puis se ravise.*

*Un long silence s'installe.*

*L'inconnue finit son verre, rallume une cigarette et ajuste sa jupe.*

LA FEMME. — Qui était-ce? (*Un temps.*) Mais répondez-moi… Qui était-ce?

L'HOMME. — Vous le savez très bien…

LA FEMME. — Et que vous a-t-il dit?

L'HOMME. — Rien… Si… Tout simplement : "à tout à l'heure"…


*RIDEAU*

# DEUXIÈME TABLEAU

*L'homme & la femme*

*La même pièce, le même éclairage. L'homme est à sa table, la tête entre les mains. Le canapé, plongé dans la pénombre, semble vide.*

*L'écrivain relève lentement la tête. Il semble chercher du regard quelqu'un dans la pièce.*

*Très long silence avant que ne reprennent les dialogues.*

L'HOMME. — Vous êtes encore là?

LA FEMME. — Oui, je suis toujours là.

*Un long silence s'installe.*

L'HOMME. — Pendant un moment, j'ai rêvé que je rêvais… (*Un temps.*) Où êtes-vous? Je ne vous vois pas.

LA FEMME. — Je suis là, près de l'armoire.

L'HOMME. — Vous partez?

LA FEMME. — Non. Je vous ai déjà dit que nous partirions ensemble.

L'HOMME. — Qu'attendons-nous?

LA FEMME. — Je vous l'ai dit: nous devons d'abord faire le point. Je dois vous préparer. Nous avons de moins en moins de temps, et, jusqu'à présent, vous n'avez pas été très coopératif.

L'HOMME. — Je voudrais vous y voir…

*Il se lève et se palpe sous toutes les coutures.*

L'HOMME. — Ainsi donc, selon vous je serais mort. Pourtant je ne sens rien. C'est comme si j'étais vivant. Quelle différence?

LA FEMME. — Ce n'est qu'un stade intermédiaire destiné à vous préparer. Vous ne serez définitivement mort que dans une toute petite heure.

L'HOMME. — Mais… si je ne suis pas tout à fait mort, je pourrais donc revenir à la vie ? Il est encore temps ?

LA FEMME. — Non, n'espérez rien. Il est trop tard.

*L'homme fait les cent pas.*
*Soudain il s'immobilise et se tourne vers la jeune femme.*

L'HOMME. — Dieu existe ?

LA FEMME. — C'est étrange que vous me posiez cette question, alors que vous n'avez jamais cru en Lui et l'avez revendiqué. Vous l'avez même écrit.

L'HOMME. — Peut-être qu'au fond de moi j'y croyais.

LA FEMME. — Non, vous n'y avez jamais cru. Vous vous raccrochez tout simplement à cet espoir parce que vous n'êtes pas encore prêt… Mais c'est normal : les hommes en général ont peur de la mort…

L'HOMME. — Pas de la mort en elle-même, mais de ce qu'ils trouveront derrière, le néant, l'inconnu, le vide…

LA FEMME. — Ou de ce qu'ils craignent de ne pas trouver. (*Un temps.*) Mais c'est un autre débat.

L'HOMME. — Vous ne m'avez pas répondu. Il existe bien sûr…

LA FEMME. — Vous voudriez qu'il en soit ainsi. Je n'ai pas le droit de vous répondre. Vous verrez par vous-même.

L'HOMME. — Mais il y a quelque chose après. Sans cela… (*Un temps.*) Sans cela vous ne seriez pas là !

LA FEMME. — Qui vous dit qu'il y a quelque chose après ? Peut-être ne suis-je là que pour vous faire passer. Puis plus rien… (*Un temps.*) Pourquoi voudriez-vous qu'il y ait quelque chose après ?

L'HOMME. — Parce que cela ne peut pas finir comme ça. Ce serait trop bête… (*Un temps.*) Non, non, il y a quelque chose après ; sans cela vous ne seriez pas là ! C'est évident !

LA FEMME. — Vous n'avez pas écouté ce que je vous ai dit… Je n'existe pas. Le temps, pour vous comme pour moi, n'a plus la même dimension…

L'HOMME. — Je ne veux pas mourir. Je suis encore jeune. Qu'ai-je fait pour cela ?

LA FEMME. — Qu'avez-vous fait pour éviter cela ?

L'HOMME. — Non, c'est une blague, je ne suis pas mort. Quand on meurt, on voit défiler sa vie…

LA FEMME. — Et que croyez-vous que nous soyons en train de faire ? Et puis ce ne sont que des mythes, personne n'est jamais revenu pour en parler.

L'HOMME. — Si, il y a de nombreux cas, j'ai lu un livre là dessus…

LA FEMME. — Des témoignages parcellaires, peu crédibles. Rien de très sérieux.

*L'homme marche nerveusement.*

*L'inconnue saisit une revue sur la table basse et la feuillette distraitement.*

*L'écrivain cherche son verre et va à l'armoire se resservir du whisky qu'il boit d'une traite.*

*Il se plante devant elle.*

L'HOMME. — Donnez-moi une chance ; vous n'aurez qu'à dire que vous vous êtes trompée puisque cela arrive parfois. Regardez, je vous donne tout ce que j'ai. De l'argent…

LA FEMME, *tout en feuilletant son magazine.* — Vous êtes ridicule. Une fois de plus, que voudriez-vous que je fasse de cet argent ?

L'HOMME. — Mais donnez-moi un mois, un seul mois.

LA FEMME. — Non, vous n'y pensez pas. Vous ne le supporteriez pas.

L'HOMME. — Une semaine, juste une semaine…

LA FEMME. — Mais votre vie serait un enfer.

L'HOMME. — Deux jours alors, quarante-huit heures. Je vous en prie…

LA FEMME, *après avoir reposé le journal.* — Mais c'est impossible. Ces deux jours seraient invivables. Ce qui rend la vie supportable c'est justement de ne pas connaître la date et l'heure de son départ. Vous le savez : la certitude est la mort de la pensée.

L'HOMME. — Vous en faites beaucoup comme celle-là ? On dirait un sujet de bac philo.

LA FEMME. — C'était effectivement mon sujet de bac, en 1947. Ce n'est pas de moi…

L'HOMME. — Je m'en serais douté.

LA FEMME. — Calmez-vous, ça ne sert à rien d'être agressif. Cela ne changera rien.

L'HOMME. — 1947…? Dites-moi, vous ne paraissez pas votre âge…

LA FEMME. — Je vous l'ai dit, ce n'est qu'une enveloppe charnelle.

L'HOMME. — Vous étiez aussi jolie ?

LA FEMME. — J'avais un certain succès… (*Se ressaisissant soudain.*) Ce n'est pas le propos.

L'HOMME. — Mais pourquoi moi, pourquoi maintenant ? Pourquoi cette nuit ? Je n'ai que cinquante ans…

LA FEMME. — Pourquoi des enfants ? Pourquoi leurs parents au moment où ils ont le plus besoin d'eux ? Pourquoi des individus bons ? Pourquoi pas les méchants d'abord ? Pourquoi votre frère et pas vous ? Vous imaginez ce que serait le monde si la sélection s'opérait en fonction de critères purement objectifs ? Non, c'est le hasard. Et il vous est tombé dessus, comme pour des milliers d'entre nous, à chaque seconde qui passe.

L'HOMME. — Le hasard ? Mais c'est monstrueux. Pourquoi moi ? J'ai encore tant de choses à faire, à dire, à écrire…

LA FEMME. — Et pour votre frère ? Vous êtes-vous révolté ? Avez-vous parlé avec lui alors qu'il était si mal ? L'avez-vous soutenu, aidé, accompagné dans son malaise ? Bien évidemment vous allez me dire que vous ne le saviez pas. Ne le saviez-vous pas ou ne vouliez-vous pas voir ? Avez-vous été chercher son corps lorsque vous avez appris sa mort ? Non, vous étiez avec une femme, non pas pour elle, non pas pour son charme ou son esprit – si seulement cela avait été pour son esprit, voire même pour son corps… Non, pour son mari, son influence… Vos livres, votre carrière… Et pendant ce temps votre frère mourait, sans vous, ce frère que vous n'avez jamais accepté parce qu'il vous volait la vedette, malgré vos succès et votre notoriété. Jaloux vous étiez de son humour, de sa tendresse… Alors pourquoi lui, et pourquoi pas vous ? Bien sûr, il serait venu vous demander de l'aide… quel pouvoir, quelle autorité auriez-vous eu sur lui d'un seul coup…

L'HOMME. — Vous allez trop loin ! Oui, j'ai rompu les ponts avec tout le monde, notre mère, mon père, mes deux sœurs jumelles… Mais pas avec lui, nous avons continué à nous voir, régulièrement, simplement, ne serait-ce que pour discuter…

LA FEMME. — Il y a parler et parler, voir et voir… Vous l'avez toujours un peu ignoré, parce que vous vous sentiez supérieur à lui, au-dessus, justement parce vous avez osé rompre les ponts, et, qu'au fond de vous-même, vous le méprisiez de ne pas en avoir fait autant. Vous vous êtes toujours senti plus fort que lui… Je dis simplement les choses comme elles sont. Votre heure est venue, non pas pour des raisons objectives, mais tout simplement parce que c'est l'heure…

L'HOMME. — Une loterie en quelque sorte ?

LA FEMME. — En quelque sorte. Quant à votre œuvre,

et ce qui vous resterait à dire, rendez-vous à l'évidence… Vous êtes fini, vidé, lessivé. Vous n'avez plus rien à dire parce qu'en définitive, vous n'avez jamais rien eu à dire. Mais j'exagère peut-être un peu. D'après ce que je sais, cela doit être beaucoup plus compliqué. Nous en reparlerons… Vos piètres manuscrits ont été remaniés, réécrits et vous n'avez pas trouvé mieux que de vous séparer de celui à qui vous deviez tout… Tout !

*L'inconnue se lève, se sert une rasade d'alcool en passant devant l'armoire dont les portes sont restées ouvertes et se dirige vers la fenêtre tandis que l'homme s'adosse à la porte d'entrée, les mains dans les poches de sa robe de chambre.*

*Elle poursuit tout en regardant par la fenêtre, puis en s'asseyant à la table de travail de l'écrivain, très calme, tenant son verre à deux mains et le faisant tourner lentement entre ses doigts.*

LA FEMME. — Pour une fois, partez en beauté. Votre œuvre, comme vous le dites avec autant d'arrogance, connaîtra une seconde vie, posthume, longue, très longue. Personne ne saura jamais que vous utilisiez des "documentalistes" et des générations entières s'extasieront sur vos textes… Combien d'hommes peuvent se targuer d'avoir laissé quelque chose ? Vous laissez une œuvre, ou du moins quelque chose qui y ressemble. Regardez-vous dans la glace, vous n'êtes pas Romain Gary et encore moins Flaubert. Seul dans une pièce, vous n'avez plus d'imagination. Non seulement vous êtes vidé mais vos manuscrits n'ont plus de vie propre…

L'HOMME. — Ce que vous dites n'a ni queue ni tête !

LA FEMME. — Vous trouvez ? J'ai toujours pensé, et je ne suis pas la seule, qu'un texte, un manuscrit, une création de l'esprit, dès lors qu'ils étaient marqués du sceau de l'authenticité avaient d'emblée une vie autonome. Gide disait…

L'HOMME. — Encore lui !

LA FEMME. — Gide disait que «Le livre semble parfois doué de vie propre ; on dirait une plante qui se développe, et le cerveau n'est plus que le vase plein de terreau qui l'alimente et la contient. Même, il me paraît, ajoutait-il, qu'il n'est pas habile de chercher à "forcer" la plante ; qu'il vaut mieux en laisser les bourgeons se gonfler, les tiges s'étendre, les fruits se sucrer lentement ; qu'en cherchant à devancer l'époque de leur maturité naturelle, on compromet la plénitude de leur saveur ».

L'HOMME, *après un silence*. — Des mots, rien que des mots… Et vous pourriez réciter de mémoire tous ses écrits ?

LA FEMME. — Presque… Il disait aussi que la littérature est «le don des morts»… ! Belle formule, n'est-ce pas ?

L'HOMME. — Une "formule" comme vous dites. (*Un temps.*) Mais qui n'a aucun sens…

LA FEMME. — Ne soyez pas désobligeant. Vous savez parfaitement ce qu'il voulait dire par là : l'écriture est une offrande faite aux générations futures…

L'HOMME. — Conneries… ! D'ailleurs, j'ai toujours détesté Gide !

LA FEMME. — Je sais, ce n'est un secret pour personne. Contrairement à vous, il pensait à l'après Gide, si je peux m'exprimer ainsi. Il disait aussi, je cite de mémoire, que la confiance dans la survie d'une œuvre confère à celle-ci une gravité dans la joie, une sérénité dans la tristesse, une patience, une hautaine banalité qui finalement la distingue des œuvres qui ne visent que le succès…

L'HOMME. — Oui, je reconnais là les conseils très prétentieux et ridicules qu'il entendait donner aux jeunes écrivains.

LA FEMME, *ne l'écoutant pas, parlant comme pour elle-même*. — Il disait aussi que l'artiste vraiment fort ne se plaint pas de n'avoir été compris par son époque… C'est dans cette incompréhension qu'il doit puiser son assurance de survie...

L'HOMME. — Des mots, mis bout à bout, rien que des mots...

LA FEMME. — ... il disait enfin que l'erreur romantique – j'aime particulièrement cette formule – consiste à chercher à mettre la vie à l'extérieur de l'œuvre... (*Un silence.*) Pardonnez-moi, ce n'est pas le propos... Ni lui ni moi ne sommes concernés cette nuit. Je faisais simplement référence à ce qu'un créateur, un vrai, peut laisser derrière lui... (*Elle se lève et retourne s'installer sur le canapé.*) Revenons à vous, qui n'avez même plus de femme, elle aussi vous l'avez écartée, pas d'enfant, mais par égoïsme, par égocentrisme... Alors, soyez grand, beau, fort... Partez avec panache !

L'HOMME. — Vous êtes monstrueuse !

LA FEMME. — Mais c'est vous qui êtes monstrueux. C'est la vie surtout qui est monstrueuse. N'inversez pas les rôles. Je ne suis pas là pour vous juger.

L'HOMME. — Je ne vois pas la différence.

LA FEMME. — Écoutez vos interlocuteurs, au moins une fois dans votre vie...

L'HOMME. — Dans ma quoi ?

LA FEMME. — Pardonnez-moi, cela m'a échappé... (*Silence.*) Je suis là pour vous aider à voir clair en vous.

L'HOMME, *se plantant devant elle.* — Mais je n'ai nul besoin de vous, ni de voir clair en moi. J'étais tranquille avant votre arrivée... Si je dois effectivement mourir, qu'on en finisse. Cette situation est insupportable, irréelle.

LA FEMME. — Le mot est juste... Irréelle... Vous ne croyez pas si bien dire... Vous imaginez maintenant ce que serait votre vie si vous retourniez sur terre ?

L'HOMME. — Pas pire que tout de suite. (*Un temps.*) Je ne

vois pas vraiment l'utilité de voir en moi… Est-ce un examen de passage ?

LA FEMME. — Pas du tout. La suite des événements est tracée. Vos actes, vos remords, vos regrets n'y changeront rien. Il est déjà trop tard. Il convient simplement de vous aider à accepter votre sort.

L'HOMME. — Madame est trop bonne… (*Il éclate de rire et s'assoit à coté d'elle.*) Ainsi donc, si j'ai tout compris, si j'ai bien suivi notre conversation, car il m'arrive d'écouter, malgré ce que vous pensez, si je comprends bien, chacun de nous meurt un jour ou l'autre, au hasard, puis il dispose de soixante minutes, en gros, pour faire un retour sur lui-même – son acte de conscience comme on disait au catéchisme – en présence d'une créature de rêve… Qu'attendez-vous de moi ? Que je me prosterne devant le Créateur – dans mon cas je dirais plutôt le "destructeur" – et que j'énumère toutes mes fautes en me frappant la poitrine ? (*Il se lève.*) Alors très peu pour moi. Soyez logique. Si tout est décidé me concernant, restons en là, si je suis mort, je suis mort, n'en parlons plus.

*Il s'éloigne dans la pièce, retire sa robe de chambre qu'il pend à une patère derrière la porte d'entrée puis va s'asseoir à son bureau.*

*Il range des papiers.*

L'HOMME. — Tout ceci est d'un grotesque… (*Il allume une cigarette.*) Une attitude ne peut se définir que par rapport à des critères. Ce qui était condamné par l'Église voici encore trente ans, ne l'est plus aujourd'hui, du moins dans certaines situations… Comment évaluer ?

LA FEMME. — Les critères de l'Église ne sont peut-être pas les nôtres… Qu'en savez-vous ?

L'HOMME. — C'est la meilleure ! Et que faites vous du Vatican ?

LA FEMME. — Des exégèses, des interprétations, des approximations… Un pouvoir parfois usurpé plus qu'une représentation réelle du Très-Haut. (*Un temps.*) Néanmoins un code de bonne conduite, bien qu'il ne reflète pas totalement la réalité.

L'HOMME. — Mais je n'ai jamais tué…

LA FEMME. — Face à la justice des hommes vous êtes effectivement irréprochable… Il est des mots, des gestes qui tuent, qui font mal… Où est la différence ?

L'HOMME. — Alors, si je comprends bien, vous me proposez de faire un bilan…

LA FEMME. — Appelez cela comme vous voudrez… Un bilan, une introspection, un retour sur vous-même… Ce ne sont finalement que des mots. L'objectif, le but, n'est pas là. Ce qui compte, tout de suite, c'est vous, le vous profond et non pas la perception que vous pourriez avoir de vous-même, mais plutôt celle de votre comportement… (*Silence, ils restent tous les deux immobiles.*) Quoi que vous ayez raison : un véritable bilan serait fastidieux, et, vous concernant, prendrait trop de temps. Disons plutôt que je souhaiterais m'arrêter sur certains points, sur certains aspects de votre vie… (*Un temps.*) En fait, j'aimerais que vous preniez conscience par vous-même, sans avoir à vous rappeler certains de vos actes…

L'HOMME. — Mais je n'ai rien à me reprocher, rien…

LA FEMME, *en lui souriant.* — Cessez de vous répéter et de vous rétracter… Vous l'avez dit tout à l'heure : qui que nous soyons, nous avons tous quelque chose à nous reprocher, vous le savez bien, même si nous n'en sommes pas directement responsables. Moi-même d'ailleurs je… (*Elle se reprend aussitôt.*) Pardonnez-moi, ce n'est pas le sujet. Parfois même, certains d'entre nous en arrivent à se reprocher des actes commis par d'autres, leurs parents, leurs proches, voire même leurs ancêtres. Voyez les enfants de déportés ou de divorcés…

LʼHOMME. — Cʼest bon, cʼest bon, je connais la théorie par cœur : pour être en accord avec soi-même, il convient de chercher à qui on doit demander pardon…

LA FEMME. — Voyez, quand vous voulez…!

LʼHOMME. — Mais je suis désolé : vous ne pouvez mettre sur un même plan des enfants de déportés et des enfants de divorcés… Trop facile !

LA FEMME. — Vous avez raison. Cʼétait simplement une façon de parler. Mais reconnaissez que de nombreux enfants de divorcés se sentent responsables de la séparation de leurs parents. Tout comme certains enfants de déportés ne supportent pas lʼidée de ne pas être morts à la place de leurs parents…

LʼHOMME. — Écoutez, nous perdons notre temps : je connais mes classiques, et à ce petit jeu jʼai toutes les chances de gagner…

LA FEMME. — Toujours cet orgueil démesuré, cette prétention qui vous dévore, alors que je reste persuadée que vous pourriez être quelquʼun de délicieux si vous le vouliez.

LʼHOMME. — Pensez ce que vous voulez… Moi je connais effectivement mes classiques. Dostoïevski et *Les frères Karamazov* je connais par cœur : «Nous sommes coupables de tout et envers tous et moi plus que tous les autres.» Foutaise !

LA FEMME. — Cette phrase nʼest pas innocente… Que croyez-vous ? Cʼest effectivement une longue recherche, difficile, fastidieuse. Un travail sur soi que vous nʼavez jamais fait. Par égoïsme, orgueil, sûreté de vous. Cʼest là que le bât blesse. Dʼoù ma présence cette nuit à vos côtés…

LʼHOMME. — À choisir, je préfère mille fois Camus à Dostoïevski. «Lʼhomme nʼest pas entièrement coupable :

il n'a pas commencé l'histoire ; ni tout à fait innocent puisqu'il la continue. » (*Un temps.*) Cette situation est d'un ridicule achevé. Si je comprends bien, vous, qui prétendez tout savoir de ma vie, allez passer en revue certains faits, certaines époques… et après, on fait quoi ? Vous allez cocher des cases sur un questionnaire, et en fonction du résultat, il se passe quoi ? Le purgatoire, l'enfer, le paradis ? *(Il éclate d'un rire nerveux.)* Pour l'instant, si je peux me permettre, jeune fille, ce serait plutôt l'enfer. Allez, allez ! Fini de jouer, j'ai autre chose à faire. Je ne crois plus un mot de tout ce que vous me dites, c'est trop simple, trop facile, trop basique… *(Silence, puis il se retourne brusquement et la pointe du doigt.)* Mais j'ai compris… C'était évident, et je suis tombé dans le panneau, comme un vulgaire débutant : vous êtes une admiratrice, vous vouliez passer un moment avec Le Maître, obtenir plus qu'un autographe. Tenez, ne bougez pas cinq secondes…

*Il se dirige vers l'armoire, l'ouvre, prend un livre, se rassoit à sa table, écrit quelques mots sur la page de garde et lui tend l'ouvrage sans même se lever.*

L'HOMME. — Prenez, voici ce que vous vouliez. Je ne vous raccompagne pas, la porte est juste derrière vous…

*La femme ne bouge pas. Elle ne le regarde même pas.*
*Il reste un moment le bras tendu.*

LA FEMME. — Vous n'avez donc rien compris…

L'HOMME, *s'approchant d'elle.* — Si, si, j'ai tout compris… Une dédicace ne vous suffit pas. C'est coucher avec moi qui vous intéresse, l'attrait de l'écrivain, du créateur, sa notoriété, et, qui sait, son argent… Désolé, vous êtes charmante, mais vous n'êtes absolument pas mon genre.

LA FEMME. — C'est évident, vous les préférez plus ingénues, moins susceptibles de vous poser des problèmes, plus promptes à vous laisser tranquille dès lors que vous les jetez comme de vulgaires objets, suffisamment jolies pour les exhiber en public, suffisamment idiotes pour s'esclaffer au moindre de vos bons mots, au goût d'ailleurs, disons-le, douteux...

L'HOMME. — Non, non, rien de tout cela. Vous divaguez. Depuis que vous êtes là vous racontez n'importe quoi. J'en arrive même à croire que vous êtes en totale confusion mentale. Reprenez-vous, regardez-moi, je suis vivant. Touchez-moi...

*Il se penche vers elle, elle pose sa main sur son bras.*

L'HOMME. — Vous voyez !

*L'homme retourne à l'armoire. Il se sert un nouveau verre, très tassé, sans même en proposer un à l'inconnue.*

*Il avale une gorgée, se réinstalle à sa table de travail, dévisse son stylo et recommence à écrire.*

L'HOMME. — Alors maintenant vous allez être gentille, partir calmement, et on n'en parle plus. Sinon...

LA FEMME. — Sinon ?

L'HOMME. — Sinon j'appelle la police. Cette comédie n'a que trop duré...

*D'un violent revers de la main il projette les feuillets posés sur sa table, se lève et la prend fermement par le bras, l'obligeant à se mettre debout.*

*Il tente de l'entraîner vers la porte.*

*Elle se dégage et lui fait face en rajustant négligemment sa coiffure.*

LA FEMME. — Cela devient une manie chez vous que de vouloir appeler la police. Calmez-vous, j'aurai juste une question à vous poser, une seule.

L'HOMME, *ouvrant la porte d'entrée.* — Une seule, puis vous partez...

LA FEMME. — Selon vous, à quelle heure suis-je arrivée ?

*Il ne répond pas. Il regarde ostensiblement le plafond.*

LA FEMME. — Si, si, répondez-moi… Vers quelle heure approximativement ai-je sonné à votre porte?

L'HOMME. — Comment voulez-vous que je le sache, dix heures, onze heures…?

LA FEMME. — Non, je suis arrivée alors que vous étiez en retard pour rejoindre votre amie à ce réveillon où elle vous attend encore. Il était exactement vingt-trois heures quarante-cinq.

L'HOMME. — Et alors? Je ne vois pas le rapport…

LA FEMME. — Attendez, soyez patient. Depuis combien de temps discutons-nous?

L'HOMME. — Je ne vois toujours pas le rapport…

LA FEMME. — Nous discutons depuis un long moment… Regardez votre montre et donnez-moi l'heure…

L'HOMME. — Si cela peut vous faire plaisir…

*Il regarde sa montre, tapote son verre de montre, porte son poignet à l'oreille.*

L'HOMME. — Il est vingt-trois heures quarante-cinq… (*Un temps.*) Elle a dû s'arrêter, cela ne veut rien dire… C'est une vieille montre, et puis…

LA FEMME, *se rasseyant.* — Et puis rien du tout! Ce n'est pas votre montre qui s'est arrêtée, c'est le temps qui est suspendu. Je vous l'ai déjà dit: vous êtes arrivé au bout, alors soyez raisonnable et tout se passera bien.

*L'homme referme la porte, retourne à son bureau et boit son verre cul sec. Il se tourne vers la fenêtre et ne dit plus rien durant un long moment.*

*L'inconnue reste immobile à l'observer.*

LA FEMME. — Venez vous asseoir près de moi, nous avons à parler…

L'HOMME. — Je peux aussi m'allonger sur le canapé si vous désirez. Tenez, prenez ma chaise et installez-vous derrière moi… De quoi voulez vous parler? Notre mère?

Mon père? C'est d'un classique! Mon œuvre? Mon rapport aux autres…

LA FEMME. — Ce n'est pas nécessaire. Ne le prenez pas sur ce ton… Cela ne fait que retarder l'échéance inéluctable, et vous le savez…

*Il marche comme un automate et s'assoit sur le bord opposé du canapé, un peu dans l'ombre.*

L'HOMME. — Je vous l'ai déjà dit: je n'ai rien à me reprocher, alors qu'on en finisse… Si toutefois ce n'est pas une farce. Une montre qui s'arrête, un téléphone qui sonne, ce ne sont, après tout, que des coïncidences… Ma vie est linéaire, simple, limpide… J'écris, je publie, et je n'ai pas à avoir honte de quoi que ce soit. Bien au contraire… J'en connais qui n'ont pas réalisé le quart de ce que j'ai fait dans ma vie…

LA FEMME. — Vous savez, il ne suffit pas de donner aux bonnes œuvres pour être vertueux. La bonne conscience n'est ni la vertu ni la bonté. Ce n'est qu'un arrangement hypocrite avec soi-même. Nous avons d'ailleurs toujours été surpris…

L'HOMME. — Nous?

LA FEMME. — Écoutez, vous savez très bien de Qui je veux parler. Vous et moi avons désormais dépassé ce stade… Nous ne faisons que tourner en rond…

L'HOMME. — Oui, mais si Dieu existe…

LA FEMME. — Non, non. Tout cela est terminé, nous en avons assez parlé. Mais je sais ce que vous allez dire. Alors, faites-moi plaisir. C'est autant pénible pour moi que pour vous. Et, je vous en prie, évitez-moi les poncifs du type: "Et si Dieu existe, pourquoi tant de guerres, de malheurs…" Je connais par cœur ce type de raisonnement. La bonté de Dieu ne se mesure pas à la quantité ou à la qualité de Ses actes, mais à l'aune de la confiance qu'Il place dans l'Homme et à la lumière des méfaits que l'homme, seul responsable et seul coupable, est capable d'accomplir. Dieu fait confiance, Il laisse faire, c'est à l'homme…

L'HOMME. — La brebis égarée…

LA FEMME. — Tout juste, vous ne croyez pas si bien dire, alors ne vous moquez pas. L'image est beaucoup plus proche de la réalité que vous ne l'imaginez. Faire confiance, c'est aider l'Homme à apprendre à grandir, penser et obéir s'il le désire. Mais il demeure libre, de croire ou de ne pas croire, de faire ou de ne pas faire… Le reste est sous son entière responsabilité.

L'HOMME. — C'est un sujet mille fois rebattu : Dieu nous aurait créé libres et donc responsables… Ces lieux communs n'ont d'autre intérêt que le plaisir de la rhétorique. (*Un temps.*) Mais il est vrai aussi que dans le doute…

LA FEMME. — Vous n'échappez pas à la règle : il est tellement plus rassurant de se dire qu'après tout pourquoi pas. Ne prendrez-vous donc jamais de risques ?

L'HOMME. — Quels risques ? N'est-il pas déjà trop tard ?

LA FEMME. — Et puis un Dieu qui imposerait la paix et le bonheur permanent serait dictatorial, détesté, haï, honni. Ce n'est pas un service qu'Il rendrait à l'Homme. L'existence – et vous le savez bien – serait invivable.

L'HOMME. — Vous êtes une très bonne vendeuse…

*Ils éclatent de rire.*

*L'homme se lève et recommence à faire les cent pas.*

LA FEMME. — Non, ne vous moquez pas, d'autant que bientôt vous Le verrez, vous saurez et vous comprendrez…

L'HOMME. — Mais…

LA FEMME. — Vous doutez encore. C'est normal…

L'HOMME, *levant le doigt.* — Attendez ! Attendez ! J'ai une question…

*Il s'arrête quelques instants de marcher.*

L'HOMME. — Et l'Inquisition, oui, voilà, l'Inquisition. Comment Dieu…

LA FEMME. — N'en dites pas plus, je vous vois venir : comment Dieu a-t-Il pu laisser faire ?

L'HOMME. — Oui, je trouve d'ailleurs que c'est là une très bonne question…

LA FEMME. — Chez vous l'orgueil reprendra donc toujours le dessus. Même mort, vous ne vous laisserez jamais aller. C'est votre nature profonde… Mais force est de constater que l'interrogation n'est pas dénuée d'intérêt… Vous avez raison, l'homme a tué au nom de Dieu, par fanatisme, par vengeance, par goût du pouvoir ou de la puissance. Certains se sont pris pour Lui. Mais si Dieu parfois ne laissait pas faire, comment l'homme parviendrait-il par prendre la mesure de l'horreur de ses actes ? Comment l'homme prendrait-il conscience de cette part négative, destructrice qui est en lui, comment ferait-il la différence entre le bien et le mal ? C'est vrai aussi qu'au nom de l'Islam il est capable d'ériger une religion en modèle politique… Je vous rappelle au passage, d'ailleurs, que le *Coran* est à la fois source du dogme et de la prière, mais aussi code juridique et autorité suprême… Mais je ne suis pas là pour ça… Vous oubliez aussi notre principal concurrent…

*Il éclate de rire, retourne une fois encore vers l'armoire se resservir un verre, tout en dialoguant avec l'inconnue, puis se remet à marcher dans la pièce, son verre à la main.*

L'HOMME. — Là, c'est moi qui vous vois venir : vous allez me parler du Diable, Lucifer, Satan, Belzébuth, Méphistophélès…

LA FEMME. — Non, non. Ne plaisantez pas avec lui, même s'il n'y a rien à en dire. Nous l'ignorons, c'est comme s'il n'existait pas.

L'HOMME. — Un peu mesquin comme réaction, non ?

LA FEMME. — Peut-être ; mais à chacun ses faiblesses…

L'HOMME, *éclatant de rire.* — Vous me voyez surpris très chère : vous venez de manquer l'occasion de rabâcher Gide, une fois encore : « Nous nous efforçons de croire que tout ce qu'il y a de mauvais sur la terre vient du diable. »

LA FEMME, *pensive.* — Il n'a pas tort. (*Un temps.*) Ne pas croire en lui c'est aussi lui donner de grands avantages, aurait-il ajouté. Alors ne jouez pas à ce petit jeu avec moi, vous avez perdu d'avance, et revenons à vous qui m'avez coupé la parole. Nous abordions le thème de la vertu…

L'HOMME. — C'est vous qui…

LA FEMME. — Oui, pardon, j'abordais le thème de la vertu et je faisais référence à ces individus très pieux qui nous ont toujours un peu surpris, trop bons, trop pieux, trop croyants, donneurs de leçons, peureux peut-être aussi de l'après…

L'HOMME. — Il faudrait savoir ce que vous voulez. Des individus qui obéissent, des moutons ou des rebelles…? Des églises pleines de fidèles qui psalmodient Son nom. Des fidèles à toute épreuve… Ou des êtres dotés d'un libre arbitre ? Et puis, après tout, si j'ai bonne mémoire, si je me souviens bien de ces heures de catéchisme interminables auxquelles mes parents m'obligeaient à assister, parce qu'il était aussi de très bon ton d'être croyant, d'être pratiquant, ces heures dont ne reste dans mon souvenir qu'une seule chose : le repentir à la dernière minute qui, quoi qu'il arrive, quoi que l'on ait pu faire, garantit le Paradis…

LA FEMME. — Je sais bien. Mais c'est là une invention de l'homme, avec Notre bienveillance bien entendu. Un pacte non-dit de cohésion sociale. Imaginez-vous ce que serait la vie sur terre sans cet espoir. L'homme, du moins en Occident, n'est pas prêt à accepter son destin et les conséquences de ses actes. Autant lui laisser un espoir auquel s'accrocher…

L'HOMME. — "Actes, conséquences…", vous n'avez que

ces mots à la bouche... Qu'ai-je à me reprocher ? J'écris des livres à succès qui font rêver des millions de personnes. Je paye mes impôts en temps et en heure, je n'ai jamais oublié de régler la pension alimentaire de mon ex-femme... Certes, j'ai peut-être viré un peu rapidement quelques jeunes femmes trop collantes ou un peu possessives... Mais je n'ai jamais marché sur personne... Alors, dites-moi, qu'ai-je à me reprocher ?

LA FEMME. — Ce que vous avez à vous reprocher ? *(Un temps.)* Tout ce que vous venez de dire, et tout le reste. Ce ne sont que des mots dans votre bouche... Pensez-vous qu'il suffit de régler une pension alimentaire en temps et en heure, comme vous le dites, pour dégager votre conscience de tout le mal que vous avez pu faire ? Voulez-vous que nous parlions du fils de votre ex-femme Laurence, que vous n'avez jamais voulu voir ? Vous parlez de ces femmes "jetées" un peu vite ? Imaginez-vous le mal que vous avez pu leur faire, vous Le Maître, avec tout ce que cela peut représenter pour elles, et elles, jeunes, vulnérables, non encore construites, frêles, innocentes...

L'HOMME. — Innocentes ? Laissez-moi rire, elles...

LA FEMME. — Elles quoi ? Elles vous ont fait l'amour avec l'énergie du désespoir, la peur de vous perdre, l'envie de vous séduire en permanence. Croyez-vous que certaines d'entre elles ne vous aient pas aimé, profondément, pour vous, au-delà de vous, au-delà de votre œuvre...? *(Un temps.)* Ce mot sonne tellement mal dans votre bouche lorsque l'on sait dans quelles conditions a été construite cette soi-disant œuvre... Mais nous allons y revenir. Je voudrais remonter plus loin, vos parents, vos frères et sœurs, par exemple...

L'HOMME. — Et puis il n'y a pas de victimes innocentes ; cela n'existe pas... Jamais.

LA FEMME, *se levant d'un bond.* — Vous n'êtes pas sérieux là ?

L'HOMME, *imperturbable.* — Tout ce qu'il y a de plus sérieux. Je persiste et je signe : il n'y a pas de victimes innocentes.

LA FEMME. — Et chacun est complice de son destin…

L'HOMME. — Exactement! Chacun…

LA FEMME, *l'interrompant.* — On connaît le concept, la culpabilité collective qui l'emporte sur l'innocence indivi-duelle : coupable d'être une femme, d'être juif, d'être un enfant, d'être venu au monde… et j'en passe! (*Elle élude d'un revers de main.*) Je ne vous suivrai pas sur ce terrain tout aussi méprisant et haïssable que votre petite personne, et ce goût immodéré pour la contradiction, à n'importe quel prix, même celui de la pire des postures. Vous posez en permanence. Et au final, vous n'êtes qu'une imposture!

L'HOMME, *riant.* — Lapsus! Vous voulez dire "imposteur".

LA FEMME. — Non, non! J'insiste : vous n'êtes qu'une imposture!

L'HOMME, *marquant une pose.* — Je me disais bien que cette confrontation – désolé, mais je ne trouve pas d'autre mot – que cette confrontation avait toutes les apparences d'une psychanalyse. Mes parents, mon frère, les autres… Que vous dire sur eux? (*Un temps.*) Il n'y a rien à en dire… Exigeants…

LA FEMME. — Peut-être était-ce tout simplement de l'amour?

L'HOMME. — Ou de l'égoïsme?

LA FEMME. — Et alors? Vous, Le Maître, n'êtes pas capa-ble d'aimer au-delà de ce que vous pourriez considérer comme de l'égoïsme. Je doute que ce soit cela… Peut-être un désir de réussir à travers vous, là où ils ont échoué… Comme pour votre frère…

*L'homme qui est maintenant face à la fenêtre, finit son verre d'un trait.*

*Un silence. Il reste immobile.*

*Puis il se met à déclamer d'une voix monocorde:*

L'HOMME. — «C'était un temps déraisonnable, On avait mis les morts à table, On faisait des châteaux de sable, On prenait les loups pour des chiens, Tout changeait de pôle et d'épaule, La pièce était-elle ou non drôle, Moi si j'y tenais mal mon rôle, C'était de n'y comprendre rien...»

LA FEMME. — «Est-ce ainsi que les hommes vivent, Et leurs baisers au loin les suivent, Comme des soleils révolus.»

*L'homme se tourne lentement vers elle.*

L'HOMME. — Bravo!

LA FEMME. — Je connais mes classiques aussi bien que vous. Et je sais aussi à quel point vous pouvez développer un complexe vis-à-vis d'Aragon... Peut-être, sûrement même, parce qu'il s'est engagé, lui, et que vous, vous n'avez jamais osé... Vous êtes le modèle typique du "politiquement correct"... Tiens, si jamais j'avais envie de faire de l'humour, je suggérerais que l'on expose votre corps au pavillon de Breteuil, à Sèvres, comme mètre étalon du consensus mou... Ne vous méprenez pas, je ne parle pas ici de vos prouesses sexuelles, ce n'est ni le lieu, ni le moment, ni la circonstance...

L'HOMME. — Ce genre de réplique est plus digne d'Audiard que de vous... (*Long silence.*) Ce n'est pas un complexe... Ce sont simplement des vers que mon frère récitait sans cesse durant les mois qui ont précédé son accident à Venise.

LA FEMME. — Lorsqu'il s'est noyé dans le Grand Canal?

L'HOMME. — Il avait bu, il a dû glisser...

LA FEMME. — En êtes-vous si sûr?

L'HOMME. — Que voulez-vous dire? Il a toujours été mal dans sa peau. Il ne s'est jamais remis du départ de sa femme. Et pourtant notre mère a toujours eu une préférence pour lui...

LA FEMME. — Vous en étiez jaloux.

L'HOMME, *éclatant d'un rire nerveux*. — Jaloux de quoi? D'un falot, fils-fils à sa mé-mère, gentil garçon, bon fils, élève brillant, major en tout, diplômé des plus grandes écoles… Si c'est pour finir bourré, dans le canal pollué d'une ville au charme désuet… Désolé, mais je n'en suis pas jaloux. Simplement triste… Enfant, je ne dirais pas le contraire… Sûrement… Il était le plus jeune des quatre, le plus fragile, le plus choyé, celui qui n'était jamais puni… Mais on ne refait pas l'histoire…

LA FEMME. — Et vous, vous l'aîné, vous l'avez rejeté…

L'HOMME. — Non, je ne l'ai jamais rejeté, je vous l'ai déjà dit. Il était le seul de la famille que je voyais encore. Mais nous n'avions pas grand-chose à nous dire. Nos destins n'avaient aucune autre raison de se croiser que par l'intermédiaire d'un ovule et d'un spermatozoïde issus des mêmes géniteurs… Quoi qu'on puisse aussi parfois en douter… Il était si différent de nous… Mais c'est une autre histoire…

LA FEMME. — Décidément, vous êtes odieux!

*La femme fouille alors dans son sac à main et sort quelques feuilles de papier et elle commence à lire lentement et très distinctement.*

LA FEMME. — «J'ai décidé de mettre fin à mes jours. Dans
« quarante-huit heures. Samedi soir très précisément. Une
« fois terminée cette lettre que peut-être personne ne lira…
« Je ne sais pas encore comment je vais m'y prendre, ni à
« quel endroit exactement. C'est sans importance.
« Simplement un détail. Je ne suis même pas sûr de savoir
« vraiment pourquoi, mais s'il y a une chose dont je sois cer-
« tain, une seule, c'est que ce n'est plus ma vie. Il faut savoir
« partir au bon moment et j'ai désormais tout mon temps.
« Je suis à un millier de kilomètres de Paris. Le téléphone
« ne sonnera pas. Personne ne viendra me rendre visite à
« l'improviste… Donc tout va bien. Nous sommes jeudi.

« Samedi, c'est la Toussaint. Un beau jour pour mourir... »
*L'homme se fige. Il s'approche d'elle.*

L'HOMME. — C'est quoi cette plaisanterie ? Où avez-vous
trouvé cette lettre ?

*La femme ne répond pas.*

*Il tente de lui arracher les papiers des mains, mais elle
esquive et cache les documents derrière son dos.*

*Ils se battent durant quelques secondes. Il parvient
finalement à récupérer les documents et les consulte.*

L'HOMME. — Mais c'est l'écriture de mon frère... Où
avez-vous eu cela ?

*L'inconnue reste dans son mutisme.*

*Elle le regarde fixement et poursuit sa narration, sans
l'aide des documents. Il suit en lisant en même temps.*

LA FEMME. — « J'ai toujours été attaché aux symboles
« même s'ils ont parfois un côté ridicule. J'espère qu'il fera
« beau. C'est tout ce que je souhaite. Je n'aimerais pas
« partir par une fin d'après-midi de pluie... C'est idiot,
« je le sais. Mais lorsque l'on a raté sa vie, on est en droit
« d'aspirer à réussir sa mort. Non, je ne devrais pas écrire
« cela, je suis malhonnête avec moi-même : je n'ai pas raté
« ma vie, j'en ai simplement fait le tour. Je suis lassé,
« fatigué, plus envie de rien. Je relis ces quelques lignes :
« quelles drôles de phrases ! "J'ai décidé de mettre fin à
« mes jours..." : elle est venue tout naturellement, au fil
« de la plume, sans pincement au cœur, sans regret non
« plus. "J'ai décidé...!" : décide-t-on vraiment de mourir ?
« A-t-on le choix ? N'est-ce pas une obligation, un messa-
« ge, une vengeance, parfois même un pied de nez ?....
« "de mettre fin...", mais pour cela encore eut-il fallu qu'il
« y ait un commencement... "à mes jours" : mes jours ?
« Quels jours ? Trois mots ridicules qui ne recouvrent rien,
« aucune réalité... Ces jours ne sont pas les miens. Simplement

« les ai-je partagés en permanence avec mon entourage, la
« famille, les amis, les autres, cette obligation de compo-
« ser sans cesse, d'être, de paraître, en fonction de ce que
« l'on attend de vous, de dire ce que les autres veulent
« entendre et qu'ils n'écoutent d'ailleurs même pas, de se
« comporter tout en étant prisonnier d'un moule fait de
« conventions, d'obligations et de non-dits… Un matin
« arrive et une évidence s'impose : il n'y a plus d'issue, sauf
« celle de se prendre en main, d'organiser son avenir, qui
« finalement se résumera en deux jours, quarante-huit
« heures dans cette chambre, avec, au bout, un ultime
« rendez-vous, un vrai, un rendez-vous avec moi-même.
« Enfin…! Il m'aura fallu attendre plus de quarante ans…»

L'HOMME. — C'est ridicule. Puisque je vous dis que
c'était un accident. Il avait bu. C'est d'ailleurs ce qu'a
révélé l'autopsie. Il a dû glisser, l'eau était froide. C'était la
nuit, personne n'a pu lui porter secours…

LA FEMME. — «Tous les éléments sont réunis : Venise,
« l'Hôtel Danieli — un peu surfait d'ailleurs, mais
« délicieusement kitsch — tous les aspects administratifs
« réglés, chacun et chacune y trouvera son compte. La vie
« est belle, je peux mourir. Pour la première fois depuis
« longtemps, je suis bien. Malgré les étages, j'entends le
« clapotis de l'eau, à la fois doux et agaçant, les bruits de
« moteur des petites vedettes, le brouhaha du quai où
« grouille en permanence une foule hétéroclite.»

L'HOMME. — Où avez-vous trouvé cette lettre? C'est un
faux grossier. Mon frère ne se serait jamais suicidé. Il aimait
trop notre mère…

LA FEMME. — Marthe?

L'HOMME. — Oui, Marthe. Il l'appelait par son prénom. Il
ne lui aurait jamais fait cela… Et puis, comment connaissez-
vous son prénom? Comment connaissez-vous tous ces détails?

LA FEMME. — Nous en avons déjà parlé. Nous n'avons plus le temps de rentrer dans ce genre de discussion. Et vous, que savez-vous de votre frère? Avez-vous déjà discuté avec lui?

L'HOMME. — Pour lui dire quoi? Nous ne vivions pas sur la même planète... Il a toujours été sage, raisonnable, bien élevé, engoncé dans les jupes de sa mère...

LA FEMME. — Dans les jupes de "votre" mère... Parce que Le maître ne condescend pas à parler au *vulgus pecum*?

L'HOMME. — Parce que, je vous le répète, nous n'avions rien en commun...

LA FEMME. — Je dirais plutôt que vous estimiez qu'il n'avait rien en commun avec vous. C'était votre analyse, sûrement pas la sienne. Peut-être avait-il besoin de vous et vous n'en avez rien vu...

L'HOMME. — Besoin de moi? Il lui aurait suffi de téléphoner, de venir, de parler...

LA FEMME. — Une fois de plus, en êtes-vous si sûr? (*Elle reprend sa narration, de tête.*) «Venise... Ville des
« amoureux. Tu parles! Une simple carte postale, un attra-
« pe-touristes... Ma chambre donne sur un minuscule
« canal par où serait arrivée la vedette-taxi si je n'avais pas
« décidé, à la dernière minute, de sauter dans le *Vaporetto*
« qui s'éloignait lentement du quai. J'ai eu besoin de
« respirer la ville avant de me cloîtrer dans une chambre.
« J'ai préféré me mélanger à la foule, écouter, ressentir,
« emmagasiner d'ultimes souvenirs. Sitôt arrivé à l'hôtel,
« un peu *groggy* par les dix heures de train, je me suis fait
« connaître du concierge qui a donné des instructions pour
« faire monter mon sac dans la chambre. J'avais envie de
« m'enfermer tout de suite, de commencer cette lettre dont
« j'ai pensé chaque mot depuis plusieurs mois, mais il me
« fallait faire une petite course, retrouver un magasin, une

« minuscule boutique où, voici douze ans, nous avons
« acheté des stylos en verre et du papier, avec Béatrice, lors
« de notre voyage de noce. Qui aurait pu imaginer, ce
« jour-là, que moins d'une année plus tard nous serions
« déjà séparés... J'ai mis du temps à comprendre ton
« départ, mais au final tu avais raison, même si nous
« n'avons jamais eu l'occasion de nous revoir et d'en
« parler. Tu as réussi là où j'ai échoué. J'ai tout de suite
« reconnu la petite rue sombre et très étroite qui démarre
« sous un porche, place Saint Marc, à gauche du Palais des
« Doges. Je déteste cette place, mille fois photographiée,
« sous tous les angles, vaste, grande, inhumaine, concen-
« tré d'histoire et de passions, mais sans âme, sans vie
« véritable. Et puis je hais les pigeons. C'est incroyable
« comme la mémoire peut être sélective. Pendant quelques
« minutes j'ai cru m'être trompé, rien ne correspondait à
« mon souvenir. Puis, j'ai retrouvé la boutique comme si
« je l'avais quittée la veille. Douze ans déjà... ! J'ai senti
« naître une boule au creux de mon estomac. Je nous
« revoyais tous les deux, là, toi choisissant des feuilles de
« papier bouffant, pour écrire à tes amies, riant aux éclats
« parce que tu ne comprenais pas ce que te disait le
« vieux vendeur... J'avais aussi acheté un cahier en cuir
« bordeaux, pour mon frère, avec une longue lanière pour
« le maintenir fermé, et cinq crayons papier. J'ai repris
« quelques feuilles de papier bouffant, un stylo plume tout
« ce qu'il y a de plus basique. Il ne m'en faudra pas plus
« pour passer ces deux jours. Un stylo plume, donc pas de
« gomme, donc pas de retour en arrière. J'ai eu la tentation,
« en sortant de la boutique, de marcher jusqu'au pont du
« Rialto où le même jour j'avais acheté un foulard à
« Marthe. C'est toi qui l'avais choisi, dans les tons vert
« anglais avec des étriers comme motif. Cela me fait

« d'ailleurs penser que je ne l'ai jamais vu le porter… Mais
« là aussi ce n'est qu'un détail. »

L'HOMME. — Ce que vous faites est abominable. Je
vous dis que c'était un accident. Nous n'avons jamais vu
cette lettre…

LA FEMME. — Normal. À la dernière minute il ne l'a pas
envoyée…

L'HOMME. — Et pourquoi?

LA FEMME. — Peut-être pour ne pas vous faire de peine,
aux uns et aux autres. Pour rester clair avec lui-même, en
accord avec sa personnalité, cette gentillesse que vous
avez toujours prise pour de la faiblesse… Pour partir
proprement, sans faire de vague, à l'image de sa vie. Lisez
donc la suite…

L'HOMME, *après un temps d'hésitation.* — « Autant que
« vous le sachiez tous, ceux d'entre vous qui auront ce
« document en main, bien que je doute que Marthe le
« fasse circuler, et avant de poursuivre votre lecture : j'ai
« pris cette décision en parfaite connaissance de cause, avec
« sérénité, voire même avec un certain plaisir, avec impa-
« tience. Les lignes qui vont suivre prouveront que ce n'est
« pas un coup de tête, mais un acte mûrement réfléchi,
« voulu, je dirais même attendu. J'ai fait en sorte que tout
« soit parfait et ne vous cause qu'un tracas minimum. Il m'a
« fallu trouver un lieu, calme, propice à la méditation, un
« endroit où je me sente bien, pas trop chargé de souvenirs,
« si ce n'est celui de ces quarante-huit heures passées avec
« Béatrice voici douze ans. Un lieu sans trop de souvenirs,
« mais avec une réelle dimension émotionnelle, au-delà
« des clichés qui, somme toute, me font encore sourire…
« J'ai pris tout mon temps. Durant trois mois j'ai hésité,
« comparé, visité… Mais il me fallait être certain de ne
« pas reculer le moment voulu. Donc un lieu, un vrai. J'y

« suis et, quoi qu'il arrive, j'y reste, dans tous les sens du
« terme. Pour la suite, outre les modalités pratiques, tout
« est prévu. Il te suffira, Marthe, d'ouvrir le premier tiroir
« du secrétaire, dans le petit salon, tu y trouveras une enve-
« loppe avec toutes les instructions nécessaires,
« administratives, juridiques et bancaires. Je sais que tu
« t'en sortiras très bien, tu as toujours su
« comment te comporter en toutes circonstances…

*L'homme cesse sa lecture et jette nerveusement les feuillets
à terre.*

L'HOMME. — Je vous l'ai déjà dit : il n'a jamais supporté
le départ de sa femme…

LA FEMME. — Que s'est-il passé ?

L'HOMME. — Je croyais que vous saviez tout de ma vie
et de celle de mon entourage ?

LA FEMME. — Mais je veux vous l'entendre dire. C'est
votre interprétation qui m'importe, plus que la vérité
historique…

L'HOMME, *en marquant un temps.* — Que s'est-il passé ?
Je ne sais pas, je n'y étais pas. Ils se sont séparés au bout
d'une dizaine de mois. Elle était gaie, enjouée, jolie. Lui,
assez taciturne. Psychorigide… Saint-Cyrien jusqu'au bout
des ongles. Elle a dû finir par s'ennuyer, et partir.

LA FEMME. — Ce qui demande un certain courage…

L'HOMME. — C'est un autre débat. Je ne sais pas ce qui
s'est réellement passé. En tout état de cause, il est revenu
s'installer chez notre mère…

*Il titube un peu – l'effet de l'alcool – et va s'asseoir à sa
table de travail. Pendant ce temps, la femme reprend la
narration, de mémoire.*

LA FEMME. — « J'ai pris le train de nuit, Gare de Lyon, un
« peu avant minuit. Je n'ai pas utilisé la couchette. J'ai
« traîné au wagon-restaurant, jusqu'à la fermeture, j'ai

« observé le serveur nettoyer toutes les tables, puis balayer
« entre les chaises. Nous avons bu ensemble un verre de
« Grappa, sans prononcer un mot, me laissant bercer par
« le cliquetis répétitif des roues sur les rails, avant
« d'arpenter les couloirs feutrés et m'écraser une heure
« dans le minuscule espace servant de compartiment sans
« déplier la couchette, le regard dans le vide pour ressen-
« tir pleinement la distance s'accroître entre mon quotidien
« et un destin que j'ai, pour la première fois de mon
« existence, l'impression de maîtriser. J'ai regardé le jour
« se lever, à travers la fenêtre crasseuse, sur la banlieue
« glauque de la lagune… Je n'ai pensé à rien, je me suis
« laissé guider, tout simplement.
«     Avant de partir, j'ai croisé Marthe dans les esca-
« liers de l'immeuble. Je revenais de l'agence de voyage
« où j'avais été chercher mon billet de train et ma réser-
« vation d'hôtel. La jeune femme derrière le bureau, un
« peu cachée par l'énorme écran de son ordinateur,
« paraissait étonnée. Elle m'a demandé si je ne m'étais pas
« trompé en ne commandant qu'un aller simple pour
« Venise… J'ai bafouillé une vague explication, comme
« quoi je reviendrai peut-être en voiture, que je me
« déciderai sur place… Comme d'habitude, l'ascenseur
« est encore en panne. Marthe descendait. Elle ne sait
« pas où je me trouve. Fidèle à elle-même, volubile,
« expansive, mais en réalité si froide, si indifférente.
« Moi seul connais parfaitement ce jeu permanent, cette
« comédie incessante. Je me suis posé la question, dans
« le métro qui m'emmenait gare de Lyon : comment
« réagira-t-elle? Elle pleurera sûrement, beaucoup, abon-
« damment, ne serait-ce que pour respecter les
« convenances liées à son statut social. Elle sait mieux
« que quiconque donner le change et se maîtriser en

« toutes circonstances. Elle saura aussi se faire plaindre,
« elle sera très entourée…»

L'HOMME, *comme parlant à lui même*. — Ce n'est pas faux. C'est exactement ce qui s'est passé… À force de vivre dans son giron, il la connaissait par cœur…

LA FEMME. — «Et puis soyons francs : aujourd'hui, ce
« soir, tout cela m'indiffère… J'ai pris une décision et mon
« entourage ne doit avoir aucune prise sur moi. Tu ne t'es
« même pas aperçue de mon malaise, dans cet escalier,
« trop occupée à la satisfaction des névroses de ton égo-
« centrisme. Certes, fidèle à ton habitude, tu as déversé
« un flot de paroles sans grand intérêt d'ailleurs, mais, que
« je sois dans cet escalier, un mercredi soir, un sac à la
« main, ne t'as pas étonnée, dans la mesure où tu n'étais pas
« concernée. Rien ne t'a jamais étonnée d'ailleurs : tu as
« toujours régné en maîtresse femme sur ma vie et mon
« quotidien, décidant pour moi, pensant pour moi,
« exigeant sans même avoir à le dire, jouant sur la corde
« sensible de la culpabilisation, croyant me donner
« beaucoup d'amour parce que tu l'exprimais. Ce n'était
« pas des mots, ou des gestes dont j'avais besoin…»

L'HOMME. — Quelle foutaise ! Quelle erreur… Elle n'aimait que lui, et lui seul, mes sœurs et moi étions systématiquement écartés de leur vie, de leurs conversations…

LA FEMME. — C'est ce que vous pensiez… Voyez comme on peut se tromper sur les autres. Vivre à leurs côtés sans jamais les connaître réellement… Laissez-moi poursuivre…

L'HOMME. — Est-ce vraiment nécessaire ?

LA FEMME. — N'avez-vous pas envie de savoir ? Ne trouvez-vous pas, quelque part, et à des degrés divers, que vous ressemblez à votre mère ? Peut-être est-ce une des raisons qui a motivé votre rupture avec elle… ? Et pourquoi pas

avec les autres… N'est-ce pas le moment idéal pour faire
la connaissance de ce frère ?

*Il ne répond pas.*

*Elle se lève, ramasse les feuilles qui sont à terre et reprend le*
*texte, tout en marchant dans la pièce.*

LA FEMME. — « Du plus loin que remontent mes souve-
« nirs, j'ai toujours vécu avec l'image de la mort, la notion
« que le temps nous est compté, la frustration de n'en
« connaître le terme. Plus que l'image, je pense que j'ai
« vécu avec la présence de la mort à mes côtés. La notion
« de sursis. Je n'ai pas peur. Alors je prends les devants, je
« choisis, je décide… Quelle fabuleuse liberté, unique
« liberté laissée à l'homme, que de décider pleinement de
« l'heure, du lieu et du moyen… Le reste n'est que fou-
« taises, diatribes ou philosophie de bar. Ma liberté ! Elle
« est là, à portée de main. J'ai demandé une chambre au
« dernier étage. Il me suffirait d'ouvrir la fenêtre et de me
« pencher… Mais avant, il me faut tenter d'expliquer.
« Non, non, ce n'est pas le mot juste, pas expliquer, je n'ai
« rien à expliquer, rien à justifier. On ne décrit pas une
« liberté. On s'y vautre ! Du moins dois-je extirper, mettre
« noir sur blanc, dire ces choses que je traîne en moi depuis
« trop longtemps. Je repense à ma grand-mère, adorable
« petite vielle qui n'a jamais quitté son treizième arron-
« dissement, son petit appartement, Porte d'Italie, qui avait
« comme cela des phrases à l'emporte-pièce qu'elle servait
« en toutes circonstances : "Tant qu'il y a de la vie, il y a de
« l'espoir"… Quelle vie ? Quel espoir ? Quelle importance ?
« Vivre pour vivre ? Quel gâchis. Vivre pour sublimer ?
« Oui, mais à quel prix ? Pendant des années je me suis
« interdit de penser et même d'y penser. Je me suis inter-
« dit aussi de penser à la solution ultime. Je n'arrivais pas
« à m'extraire de la vision de ceux qui resteraient après

« moi. Je les imaginais tristes, malheureux, je me disais
« que je n'avais pas le droit de leur faire cela. Alors je don-
« nais le change, refusant cette forme d'égoïsme… Tout
« le monde me prenait en exemple, comme un véritable
« boute-en-train. Je sais très bien ce que l'on disait de
« moi : " Oh, Charles-Henri, il ne peut rien lui arriver, il
« bouffe la vie à pleines dents ! " Si vous saviez… Je ne
« bouffais rien, si ce n'est mon frein. Je prenais sur moi,
« faisant en sorte de cacher derrière un rire, un bon mot,
« un calembour ce malaise qui me ronge depuis maintenant
« trop longtemps. J'ai passé mon temps à faire en sorte
« que les autres soient bien, que mes propos ne les
« dérangent en aucune sorte, allant au-delà de leurs atten-
« tes, de leur plaisir, les mettant à l'aise avant même qu'ils
« n'agissent. Souviens-toi Marthe. Chaque année, le jour
« de mon anniversaire, à l'époque où nous n'habitions pas
« encore ensemble, je te téléphonais le matin, sous un
« prétexte futile, pour être sûr que tu ne l'oublies pas. Parce
« que je savais que si tu ne me le souhaitais pas, je serais
« malheureux. Mais pire, j'étais encore plus malade de me
« dire que lorsque tu t'en rendrais compte tu serais mal à
« l'aise. Alors je prenais l'initiative, pour t'éviter tout cela.
« Je prenais sur moi. Désormais c'est fini. Ce matin je suis
« fatigué ; je baisse le rideau, tchao ! »

*L'homme est à son bureau, la tête entre les mains.*

L'HOMME. — Mais pourquoi n'a-t-il rien dit ?

LA FEMME. — Parce que vous l'auriez écouté, mais sûrement pas entendu… Voulez-vous connaître la suite ?
Écoutez plutôt… (*Elle cherche la bonne feuille, puis reprend.*)

« Je sais ce que vous allez dire, les uns et les autres…
« Il avait tout pour être heureux. Tout, mais ce n'est pas
« tout que je voulais… C'est le reste ! Et puis, vivre deman-
« de trop de travail, d'abnégations, de contraintes, de

« compromis. Vivre, c'est un métier. Je démissionne. Je
« n'ai pas à me justifier, rien à expliquer, je désire simple-
« ment consacrer les deux dernières journées de ma vie à
« raconter, parler, écrire ces phrases qui ne changeront rien
« à ma décision. Deux jours de repli sur soi, tranquille,
« seul. Peut-être même les deux seules vraies journées de ma
« vie. Et que saviez-vous de ma vie au-delà de ce que je
« voulais bien montrer ? Un boulot intéressant, une belle
« gueule, une certaine aisance financière ? Mais le reste,
« tout le reste, les nuits passées à me cogner la tête contre
« les murs, ces heures de mal-être, l'absence, le vide,
« l'attente ? Et toi Marthe, tout juste capable de dire que
« ce n'étaient là que des enfantillages, les rares fois où nous
« avons parlé. Bien sûr, il n'était pas question de toi et de
« ton besoin maladif d'être aimée, adulée, suppliée… On
« ne fait pas d'enfants pour qu'ils nous aiment. On essaie
« simplement de les aimer du mieux que l'on peut. Mais
« en es-tu seulement capable. Peux-tu aimer quelqu'un
« d'autre que toi ? Oui, je sais ce que tu vas répondre…
« Papa ! L'as-tu aimé, lui ? Alors pourquoi l'as-tu laissé
« partir, à l'autre bout de la planète, se faire étriper dans une
« boucherie sans nom dont personne n'ose encore parler
« aujourd'hui. Te souviens-tu de ce dimanche intermina-
« ble, il y a deux ou trois ans, dans cet appartement sombre,
« surchargé de tes souvenirs, cette soirée où tu m'as
« surpris en train de me verser un quatrième verre de
« whisky, bien tassé, sans glace ? Ce soir-là, si tu n'avais
« pas été là, je crois que j'aurais bu à même le goulot.
« J'étouffais de la médiocrité de notre quotidien, de ma
« lâcheté à ton égard, de mon incapacité à prendre une
« décision, celle de vivre pour moi… Tu es rentrée dans
« une rage folle, comme seule tu sais les dramatiser, les
« mettre en scène, les organiser. Tu ne m'as pas demandé

« si j'avais un problème, un souci, tu as commencé par
« jeter le verre en travers de la pièce, violemment, au risque
« de nous blesser. Tu m'as ensuite expliqué que dans ta
« famille cela ne se faisait pas, tu m'as demandé ce qu'en
« penseraient les voisins s'ils me voyaient... Les voisins,
« les autres, toujours les autres, leur regard et ce besoin
« d'image et de reconnaissance. Tu as pleuré, beaucoup
« trop pleuré pour être crédible, puis tu as commencé à
« me reprocher tout et n'importe quoi, revenant sur le
« passé, t'arrêtant sur des détails sans réelle importance,
« refaisant l'histoire à ta sauce... »

L'HOMME. — Il est vrai qu'elle faisait des scènes pour un
rien... Des drames qui n'en finissaient plus... Nous vivions
dans la hantise de ses cris, ses colères, sa culpabilisation
permanente...

LA FEMME. — J'y viens, il en parle aussi... « Comme
« lorsque, lycéen, je ramenais une mauvaise note. Ni pardon
« ni complicité. Jamais. Et, summum, cette phrase revenant
« comme un leitmotiv : "As-tu conscience qu'à cause de
« toi je n'ai jamais refait ma vie ?" Tu me l'as si souvent
« répétée qu'aujourd'hui, je ne te crois plus. Mais je vais me
« calmer. Ce ne sont que quelques pages, les heures ulti-
« mes. À la dernière seconde je finirai par te trouver des
« excuses. Pour l'instant je mets tout à plat, en bloc, je
« crache mon venin. J'ai trop accumulé. Et tu n'es pas,
« loin s'en faut, la seule responsable de mon trouble. »

L'HOMME, *il relève la tête.* — ... seule respons... ?

LA FEMME. — Laissez-moi poursuivre... « Posons un
« préalable : malgré tout ce que je raconte dans cette
« diarrhée verbale, qui n'intéressera sans doute personne,
« je le sais, je n'ai rien à reprocher à quiconque. Je n'ai
« qu'à m'en prendre à moi-même. Je n'étais pas obligé
« d'accepter la vie telle qu'elle m'était inspirée par les uns

« et par les autres. J'aurais pu me rebeller. J'aurais aussi
« bien pu me couler dans le moule des attentes et des obli-
« gations. Peut-être en aurais-je même tiré un certain plaisir.
« Comme toi, Béa. Notre mariage n'était qu'une fuite, un
« leurre, une libération. Jusqu'au jour où tu as franchi le
« pas, à mes dépens. Aujourd'hui, ce soir, je te comprends
« et je t'approuve. Je t'admire même au plus profond de
« moi. Et cet enfant, notre enfant que tu n'as jamais voulu,
« que je ne connaîtrai jamais, aurait-il été comme toi,
« entier, droit, doté de cette force intérieure qui permet
« de franchir ce pas qui empêche de vivre pleinement ce
« que l'on est en droit de vivre ? Quel âge aurait-il aujour-
« d'hui ? Dix ans ? Douze ans. Lui seul m'aurait peut-être
« maintenu en vie. Sans lui je n'ai pas eu la force de me
« remarier, de construire ailleurs… Je sais, c'est très para-
« doxal… J'ai préféré me complaire dans une pseudo
« prostration contemplative. Certes, comme disent les
« adolescents, je n'ai pas demandé à venir au monde. Mais
« la question n'est pas là. »

L'HOMME. — Arrêtez, c'est abominable…

LA FEMME. — Pourquoi, vous feriez-vous enfin quelques
reproches ?

L'HOMME. — Mais quels reproches ? On ne fait pas le
bonheur des autres contre leur gré…

LA FEMME. — Vous l'avez déjà dit, et vous l'avez déjà
écrit… Mais avez-vous seulement essayé ? (*Il ne répond pas.
Elle poursuit donc sa lecture.*) « Vendredi soir. Promenade
« rapide place Saint-Marc. Cent mètres à peine de l'hôtel.
« C'est idiot, mais je n'ose pas m'éloigner de ces feuilles
« de papier, de cette chambre trop petite mais qui suffit
« largement pour ce que je vais y faire. Je n'aurai pas le
« temps de tout dire, de tout écrire. Il faudrait un roman…
« Être un romancier… Mais comment résumer la vacuité

«  d'une vie en 200 pages? J'ai bien peur que me concernant,
«  quelques feuillets suffisent… J'ai trouvé un bureau de
«  tabac et acheté quelques paquets de Marlboro. Je peux
«  fumer de tout mon saoul, personne ne viendra me dire
«  que je détruis ma santé. J'ai commandé aussi une
«  bouteille de whisky. Un Black Label. Lorsqu'elle sera
«  vide, tout sera fini. Non pas qu'il me faille du courage,
«  loin de là, mais pour trouver les mots, sans fard…»

L'HOMME. — Vous voyez, je vous l'ai dit, il avait bu, il a glissé…

LA FEMME. — Ne vous raccrochez pas à n'importe quoi sous prétexte de vous exonérer de votre part de responsabilité… (*Elle reprend aussitôt.*) «… sans rien dissimuler.
«  Que fait Marthe? Elle doit être très en colère… Elle est
«  d'ailleurs toujours très en colère. J'aurais aimé que tu
«  me regardes, que tu me vois, que tu m'écoutes. Tout ceci
«  est tellement éloigné de tes schémas… Et c'est en cela
«  que je t'admire aussi: cette maîtrise, cette force de carac-
«  tère. Tu n'as jamais aimé Béatrice… Vous étiez trop
«  semblables…»

L'HOMME. — Il est vrai que notre mère a toujours eu un rapport très particulier aux autres et à l'argent…

LA FEMME. — Ce n'est pas le cœur du problème… Une fois de plus vous ne voulez rien voir. «Ma pauvre Marthe,
«  ta vie aussi n'aura été qu'une succession d'attentes et de
«  frustrations. Tu as toujours été très nerveuse. Vingt-
«  quatre heures de retard, une journée d'absence… En
«  quarante ans, je ne t'ai jamais habituée à cela. Peut-être
«  aurais-je apprécié que tu fusses folle d'inquiétude. Mais
«  pour cela, encore aurait-il fallu que tu t'intéressasses à
«  autre chose que ta propre personne.»

L'HOMME. — Marthe ne s'inquiète jamais. Marthe s'énerve, mais ne s'inquiète pas.

LA FEMME. — « J'imagine ta tête, ma pauvre, lorsque tu
« liras ces pages. Tu risques de tomber de bien haut. Mais
« je sais d'avance que ton comportement ne changera pas,
« tu ne montreras rien, tu n'intérioriseras même pas. En fait,
« tu ne te remettras pas en cause. Je te connais par cœur,
« toi qui respires l'air avant moi, pour être certaine qu'il est
« de bonne qualité. Mais ce ne sont que des gestes. Je ne
« voulais pas que tu m'étouffes d'amour. Et sans parler du
« reste… Je n'en ai plus le temps : ce mari mort trop tôt,
« d'abord diminué au champ d'honneur, meurtri dans son
« corps, handicapé, puis dans cette chaise roulante, ce n'est
« pas rien, surtout pour toi, qui ne l'aimais plus, mais qui
« n'aurais pas supporté d'être autre chose que l'épouse puis
« la veuve d'un héros. Quel destin ! Non pas pour lui…
« Mais pour toi ! Ce père dont tu m'as si peu parlé, et qui,
« comme la plupart des disparus, est devenu, dans tes
« propos, l'homme idéal toujours donné en exemple. Je
« ne suis pas sa réincarnation. Je ne suis pas un héros, moi.
« Je n'ai même plus la force de poursuivre ce texte. Je n'ai
« plus rien à dire. Je suis fatigué, épuisé… Ce récit en
« restera donc là… Dommage ! Il y aurait tant à dire. Mais
« ce n'est pas mon métier, moi…
« 	Je vais marcher, longuement, lentement. Et dans
« quelques heures tout sera terminé. Adieu… Pardon ! »

*RIDEAU*

# TROISIÈME TABLEAU

*L'homme & la femme*

*Toujours la même pièce. L'homme est affalé sur le canapé, regardant le plafond.*

*La femme ramasse les papiers qui jonchent le sol puis s'installe devant la table de travail pour tenter de les classer.*

*L'homme est indifférent à la présence de l'inconnue. Il a la lettre de son frère entre les mains et relit certains passages, passe d'une page à l'autre. Il prononce parfois à haute voix quelques phrases…*

L'HOMME. — «Vivre demande trop de travail, d'abnégations, de contraintes, de compromis. Vivre, c'est un métier. Je démissionne. Je n'ai pas à me justifier, rien à expliquer.» (*Un temps.*) «Papa! L'as-tu aimé? Alors pourquoi l'as-tu laissé partir, à l'autre bout de la planète…?» (*Un temps.*) «Les voisins, les autres, toujours les autres, leur regard et ce besoin d'image et de reconnaissance…» (*Un temps.*) «Et tu n'es pas, loin s'en faut, la seule responsable de mon trouble…»

*L'homme pose les feuillets sur la table basse. Il allume une cigarette et fume en regardant le plafond.*

*L'inconnue classe toujours les feuillets éparpillés par l'écrivain.*

L'HOMME. — Si cette lettre a réellement été écrite par lui, c'est…

LA FEMME. — Elle a été écrite par lui. Je vous l'ai dit, faites-moi confiance… Il l'a détruite en se dirigeant vers le Grand Canal. Déchirée, éparpillée dans l'eau un peu saumâtre et stagnante de la vieille ville. En tout état de cause vous ne retenez que ce qui vous arrange, ce qui vous concerne. Je soupçonne même en vous un soulagement de n'être pas directement mis en cause dans cette missive.

L'HOMME. — Désolé, mais là, vous vous trompez.

LA FEMME. — Je ne demanderais pas mieux.

L'HOMME. — Vous vous trompez… Cette lettre renvoie à des problèmes beaucoup plus graves et profonds que ma seule personne. Oui, je me fais des reproches… (*Un temps.*) Vous devez être contente…

LA FEMME. — Je ne suis pas là pour cela, mais je dirais simplement que c'est un bon début…

L'HOMME. — Vous devez jubiler… Je n'ai pas pris la pleine mesure de son trouble… Comme tous les vrais mélancoliques, il cachait son malaise derrière beaucoup d'humour, de dérision, de moquerie… (*Un temps.*) Mais le problème n'est pas là… Cette lettre m'interpelle sur beaucoup d'autres choses…

LA FEMME. — Pourquoi pensez-vous que je vous ai permis d'en prendre connaissance?

L'HOMME. — Si vous cessiez de me couper la parole sans cesse, peut-être arriverions-nous enfin à en parler…

LA FEMME. — Un électrochoc… Cette lettre vous était en réalité destinée. Sur l'enveloppe c'était à vous de la remettre à votre mère. Une façon à la fois de vous parler, de vous dire enfin les choses, et de reprendre contact avec Marthe…

L'HOMME. — Taisez-vous quelques minutes, laissez-moi réfléchir!

LA FEMME. — À votre aise…

*Long silence. L'homme allume une nouvelle cigarette puis se penche pour finir son verre, le regard perdu dans le vide.*

L'HOMME, *à lui-même, puis se tournant vers elle.* — Je n'aurais jamais pensé cela de lui… Quelle connerie…! Voilà, vous êtes contente? C'est ce que vous vouliez entendre?

LA FEMME. — Ce qui m'intéresse, ce n'est pas ce que je sais. L'important, on en a déjà parlé, ce n'est pas ce que je veux, mais l'interprétation que vous êtes susceptible d'en faire. Ce n'est pas la réalité qui compte, mais vous, votre comportement, votre façon de voir les choses…

L'HOMME. — Et de m'en dédouaner ?

LA FEMME. — Non, loin de là… Tout individu a le droit de se tromper sur lui même et sur les autres. L'erreur est pardonnable, l'erreur d'interprétation encore plus. Ce qui serait terrible, c'est la faute, le jeu, l'ambiguïté, le désir de nuire, de faire souffrir, de faire mal, de détruire, le refus de regarder la réalité en face. Concernant votre frère, j'ai toujours pensé que vous passiez à côté de quelque chose de trop grand pour vous… Je n'en dirais pas de même de votre père ou de votre mère…

L'HOMME, *les yeux dans le vide.* — Mon père, il n'y a pas grand-chose à en dire, les amitiés viriles, la guerre, le combat, l'armée… L'absence… Ses départs incessants…

LA FEMME. — Jusqu'à un certain point…

L'HOMME. — Vous savez mieux que moi dans quel état il est revenu… Handicapé, acariâtre, intransigeant, agressif, mais dépendant des autres… Sauf qu'il est aussi revenu en héros… Et cela, notre mère a toujours su en jouer.

LA FEMME. — Ce qui est drôle, bien que le mot soit très mal choisi, c'est que vous ne dites jamais "ma mère", mais "notre mère"… Alors que vous dites plus volontiers "mon père"…

L'HOMME. — Ce genre de détail est sans importance. Vous venez de m'expliquer que mon frère s'est suicidé et vous pinaillez sur mes travers de langage ? Mon père, notre mère, qu'est ce que cela change ?

LA FEMME. — Pas mal de choses. Cela fait partie de votre interprétation, certes inconsciente, des autres et de vous-même… Mais l'inconscient se forge aussi au fil du temps. Rien n'est vraiment inné. C'est une question de degré d'adaptabilité, de protection, d'autoprotection…

L'HOMME. — Je vois en gros où vous voulez en venir. Mais expliquez-moi : comment se reprocher quelque chose que l'on ne sait pas ?

LA FEMME. — Vous saviez qu'il était mal.

L'HOMME. — Certes, mais pas au point de mettre fin à ses jours. Il a toujours été mal, triste, solitaire… Il n'en a jamais parlé… Oui, oui, je sais ce que vous allez dire : que l'on ne parle, qu'on ne se livre que si l'on sent une oreille réceptive. (*Un temps.*) Je n'ai jamais vraiment eu de contacts avec lui…

LA FEMME. — En fait vous ne le connaissiez pas.

L'HOMME. — Nous n'avons pas été élevés de la même façon, et je vous rappelle qu'il était le petit dernier. Il est né l'année de mes six ans, à l'âge où on a autre chose à faire que de s'intéresser à un bébé. À un âge où ce type d'heureux événement apparent est plus vécu comme une intrusion, comme une trahison même que comme un bonheur familial. Il a été conçu lors d'une permission d'à peine quelques jours de mon père…

LA FEMME. — Cela change-t-il quelque chose ?

L'HOMME. — Oui et non… On ne connaît les autres qu'au travers de ce qu'ils disent, de leur comportement, de leurs actes et en fonction du filtre de sa propre personnalité et de son propre mode de perception.

LA FEMME. — Vous voici redevenu vous-même, raisonnable…

L'HOMME. — Mais laissez-moi poursuivre… C'est le jour où la réalité ne correspond plus au discours et à l'image que l'on s'est forgé de l'autre que tout bascule, que l'on souffre et que l'on a mal. Je n'aurais, sur la base de ce que je savais de mon frère, jamais imaginé qu'il accomplisse un tel acte. Je n'ai jamais, au travers de ses propos, perçu un tel malaise et une telle détermination.

LA FEMME. — En fait vous êtes comme tout le monde,

comme tous les autres, mais en pire… Vous vous êtes créé une carapace, pour ne pas penser, pour ne pas voir ; en définitive pour ne pas vous sentir concerné. Pour ne vous sentir concerné en rien, si ce n'est par vous et par vous seul. Et dans votre égocentrisme protecteur, vous vous êtes transformé progressivement en individu odieux, vous avez fait naître un personnage, rêvant de devenir un mythe vivant… À la limite d'ailleurs de la schizophrénie.

L'HOMME. — Nous le sommes tous…

LA FEMME. — Sûrement, mais pas dans les mêmes proportions… À des degrés divers. C'est tellement plus simple. Comment l'homme de la rue, l'ouvrier de chez Renault ou la caissière de Franprix pourraient-ils échapper à eux-mêmes, à leurs angoisses et à leur entourage ? Vous, finalement, avez trouvé le moyen. Avec d'ailleurs une double dose de talent : littéraire, au tout début, pour lancer la mécanique, puis comportementaliste. Cela demande beaucoup de maîtrise et de savoir faire. Quoi de plus facile lors d'une interview que de distiller des éléments de nature à créer le personnage voulu. C'est machiavélique et inconscient en même temps…

L'HOMME. — Nous n'allons tout de même pas nous lancer dans une psychanalyse sauvage… Et puis, vous qui savez tout, devez vous douter de ce que je pense de ce type de pratique superfétatoire, futile et inutile, si ce n'est pour enrichir quelques gogos capables de rester immobiles à écouter des paumés débiter des kilomètres de malaises qu'ils se sont eux-mêmes créés…

LA FEMME. — S'il y a une chose que l'on ne peut pas nier chez vous, c'est bien le sens de la rhétorique… Quelle envolée lyrique… ! Dites-moi ! Et quel aveuglement… Nous n'avons effectivement pas le temps de rentrer dans ce type de "pratique", comme vous dites. Mais je reste intimement persuadée que cela vous aurait fait le plus grand bien. C'est maintenant trop tard… Il aurait fallu y penser il y a dix ou quinze ans.

L'HOMME. — Ce ne sont que des conneries… Je ne vois pas en quoi être allongé et parler pourrait changer quoi que ce soit à la vie d'un homme…

LA FEMME. — Je vous laisse à votre point de vue qui ne regarde que vous et votre absence de discernement… Le problème n'est plus là. Ce qui vous gêne, dans la mort de votre frère, ce n'est pas tant sa disparition, mais plutôt le fait d'être dérangé dans votre quotidien, d'être interpellé, de devoir réfléchir, penser, faire un retour sur vous-même et sur les autres. Il est là votre malaise. Savoir qu'il s'est suici-dé vous oblige à vous poser les questions que vous n'avez jamais voulu vous poser. Lui, vous, la famille, ce que vous avez fait, ce que vous n'avez pas fait, ce que vous auriez pu faire. Oublions ce que vous auriez dû faire. Là, je ne parle que de votre frère, et nous pourrions y passer des heures et des jours entiers. Votre frère vous admirait, profondément, il avait besoin de vous, il vous aimait passionnément, et il n'était pas le seul. Et en fait, je me répète, vous le méprisiez. On peut aimer sans jamais dire je t'aime… Et dire "je t'aime", même si c'est vrai, ne résout jamais rien. Vous avez tout sacrifié à votre orgueil et à votre mégalomanie… Vous vous estimez au-dessus du lot, vous ne savez parler que de votre œuvre et, quiconque vous approche, vous estimez aussitôt, sans même prendre la peine ou le temps d'observer, que c'est pour votre statut ou pour votre argent qu'il s'intéresse à vous… Au-delà de la carapace, vous avez développé une véritable paranoïa…

L'HOMME. — Un paranoïaque est tout simplement quelqu'un qui a tout compris…

LA FEMME. — Facile! Et je ne suis même pas sûre que ce soit de vous…

L'HOMME. — Et jusqu'à preuve du contraire, ce n'est pas moi qui l'ai poussé dans le Grand Canal…

LA FEMME. — Ce qui vous interpelle aussi, c'est la force qui a été la sienne : prendre la décision de se supprimer est un acte terrible, qui demande une puissance intérieure sans faille, c'est un acte de liberté totale… Vous savez très bien que vous n'auriez pas le courage de faire la même chose…

L'HOMME. — De quoi voulez-vous parler ? Du suicide ? Acte de liberté… ? Si c'est une plaisanterie, elle est de mauvais goût… Se supprimer est d'une lâcheté sans limite…

LA FEMME. — Ne le prenez pas sur ce ton. Je lis très bien en vous. Quelque part vous admirez votre frère et vous vous dites qu'il était comme ce que vous croyez être, de la race des Seigneurs…

L'HOMME. — Au fait, qu'aurait dit Gide sur le suicide ? Sûrement allez-vous me sortir quelque chose de derrière les fagots ?

LA FEMME. — Pas de problème, mon cher maître : il avait une formule que j'aime beaucoup et qui le caractérisait. Il blâmait le suicide, mais il disait qu'il ne se tuerait qu'après une joie telle qu'il serait certain de ne plus pouvoir jamais en éprouver de semblable.

L'HOMME, *après un temps.* — Avez-vous lu autre chose que Gide dans votre vie… ? Vous virez monomaniaque. Vous me décevez très chère !

LA FEMME. — Je ne relèverai pas. (*Un temps.*) Votre réaction n'est pas digne de l'écrivain que vous tentez désespérément d'être. Elle n'est dictée que par la jalousie. Ce n'est même pas un complexe d'infériorité. Vous aviez peur, il y a un moment, que je ne vous compare à lui. Quelle prétention ! Il est un des seuls à s'être mis à nu. Lorsqu'il a écrit *Les Faux Monnayeurs* – quel texte fabuleux, soit dit en passant –, il a tenu en même temps un journal, un "cahier d'exercices" comme il disait, qu'il a d'ailleurs dédié à tous ceux «que les questions de métier intéressent». Il était transparent, clair, franc... Pas comme vous. Si j'ai eu un moment la tentation de vous comparer à lui, ce n'était pas en terme de talent, mais en opposition...

L'HOMME, *toujours regardant le plafond.* — C'est ici que je dois applaudir?

LA FEMME. — Vous êtes ignoble!

L'HOMME. — Apparemment, vous ne supportez aucune critique sur cet individu... À croire que vous l'avez connu, voire côtoyé...

LA FEMME, *l'interrompant.* — Vous ne croyez pas si bien dire...

L'HOMME. — Alors vous savez à quoi vous en tenir... Vous m'accusez d'utiliser des nègres, mais lui, ce n'est qu'un plagiaire, et ça, vous devez le savoir...

LA FEMME. — Vous faites référence à la lettre de Suzanne-Paul Hertz, qui l'accuse d'avoir puisé le troisième chapitre de la troisième partie des *Faux Monnayeurs* dans les *Mémoires de Saint-Simon*?

L'HOMME. — Bravo! Là, vous m'épatez...!

LA FEMME. — Gardez ce type d'admiration pour vous. Vous ne savez même pas de quoi vous parlez... Gide, un plagiaire! Vous n'avez peur de rien!

L'HOMME. — Il est évident qu'il s'est inspiré de Saint-Simon: dans ce roman, le mal dont est atteint La Pérouse, dans les dernières années de sa vie, est exactement le même que celui dont souffrait Monsieur le Prince dans les *Mémoires* de Saint-Simon. Vous ne pouvez pas le nier. Même dans son journal, dont vous faites référence comme d'une prouesse, il n'en fait pas état...

LA FEMME. — Contrairement à vous, Gide accusait réception de toutes les lettres qu'il recevait. Pour ce qui est de ce pseudo plagiat, il a répondu à madame Hertz une dizaine de jours plus tard… Il reconnaît n'avoir pas lu Saint-Simon, ce qui, je l'avoue, est une erreur pour un écrivain de cette trempe. Après lecture, il reconnaît une «saisissante analogie», ce sont ses mots, je ne les invente pas. À la seule différence que c'est la réalité qui a inspiré Gide, et il le dit. La Pérouse lui a été inspiré par un vieux professeur de piano, dont il parle d'ailleurs longuement dans son autre ouvrage *Si le grain ne meurt*. Je peux même vous citer de mémoire la suite de sa lettre à cette dame. Mais une seule phrase suffira : « Je ne peux comprendre en quoi le mérite d'une œuvre d'art peut être diminué, de ce qu'elle prenne appui sur la réalité. » La polémique s'est arrêtée là. Alors, ne comparez pas. Vous, vous faites écrire les autres. C'est différent…

L'HOMME. — Trêve de balivernes… Je vous rappelle d'ailleurs que l'Église condamne le suicide, et vous venez m'expliquer toute la grandeur de ce geste…

LA FEMME. — L'Église oui ; la morale des hommes oui… Nous, c'est une autre histoire. Ne détournez pas la conversation, comme à votre habitude. Je suis rodée à ce type de technique, vous pensez bien. Il n'est pas question de cela. Nous n'en avons que trop parlé. Et puis cessez vos références constantes à l'Église, lieu où vous n'avez jamais mis les pieds, si ce n'est pour des mariages ou des enterrements…

L'HOMME. — Mais qu'irais-je faire dans une église ? Dans quel but, quel intérêt ?

LA FEMME. — Vous croyez être un seigneur parce que vous êtes en pleine lumière et que là, tout de suite, vous prenez l'entière conscience que vous avez, avec ce frère, sûrement raté quelque chose de grand, de profond, de vrai, un rendez-vous, une rencontre, un dialogue, un de ces moments où se prononcent des mots et des phrases qui marquent, qui restent et qui influencent la suite entière d'une existence. Vous ne vous en voulez pas de ne pas l'avoir aidé. Oh non! ce n'est pas votre genre. Vous vous sentez tout simplement diminué, relégué au rang de la banalité, face à un individu dont vous venez de comprendre qu'il était plus fort que vous, parce qu'authentique, fort au-delà de ses faiblesses, déterminé et libre, libre de lui-même et de sa vie. Le talent, c'est lui qui l'avait. Pas vous. Il n'a pas envoyé la lettre, parce qu'il ne voulait pas être en pleine lumière, laisser des mots, laisser une trace écrite. Il voulait simplement en finir. Et il l'a fait. Sa mort, telle qu'il l'a mise en scène, est une œuvre en soi…

L'HOMME. — N'avez-vous pas l'impression d'en faire un peu trop?

LA FEMME. — Vous trouvez? Ce n'est pas mon sentiment. D'autant que votre désir le plus profond a toujours été d'être en pleine lumière. Mais la vraie question est de savoir qui détient le pouvoir? Celui qui fait ou celui qui suggère? Le conseiller ou le dirigeant? Qui domine l'autre? Le soumis ou le maître? Celui qui écrit ou celui qui signe? (*Un temps.*) Vous n'êtes somme toute qu'une doublure lumière, un de ces personnages que l'on utilise sur les plateaux de cinéma: il ressemble à la vedette, possède sa carrure, sa taille, parfois la même couleur de cheveux… Les techniciens font tous les réglages sur lui, puis finalement, il laisse sa place à la vedette… Il ressemble à la vedette, mais il n'est pas la vedette… Et c'est ce que vous êtes…! Une doublure… (*Un temps.*) Rien d'autre qu'une doublure…!

L'HOMME. — C'est sans appel! Aucune circonstance atténuante?

LA FEMME. — En cherchant bien, sûrement. Dans votre enfance et dans vos frustrations, que sais-je? Mais votre vie n'aura été qu'une fuite. Et votre œuvre une formidable mystification.

L'HOMME. — Et quoi d'autre?

LA FEMME. — Je vous l'ai dit, nous pourrions passer des jours et des jours à parler de vous. Nous n'avons plus beaucoup de temps... Mais je constate avec une certaine satisfaction qu'une prise de conscience, certes minime, a lieu. Vous voyez comme les masques peuvent tomber...

L'HOMME. — Les masques? Quels masques? De quoi voulez-vous parler? Regardez donc le monde autour de vous, la vie qui grouille, les individus, quels qu'ils soient et d'où qu'ils viennent: nous sommes tous un autre... Vous-même êtes vraisemblablement une autre... Nous jouons tous un rôle, au risque d'être broyés, laminés, déchiquetés... Ce ne sont pas des masques, mais des protections, des carapaces, sans lesquelles il n'y a plus de vie en société possible...

LA FEMME. — C'est vous qui le dites, c'est votre vision de la vie. Et vous avez tort. Tout cela ne repose que sur des attitudes, des non-dits, une comédie dans laquelle vous excellez, et vous le savez... Il y a deux types de manipulateurs: celui qui le fait inconsciemment, par jeu, par nécessité quasi viscérale, le destructeur, le "coucou", le briseur de couples, celui qui s'installe sans vergogne et place ses victimes sous influence... Et celui qui manipule sciemment, quand il veut, où il veut, mais qui épargne ceux et celles qu'il aime... Vous faites partie de la première catégorie parce que cela vous donne une sensation de pouvoir. Mais le pouvoir, cher ami, n'est pas niché dans les actes inconscients, mais dans la conscience de ce que l'on fait... Certes, vous n'avez rien à vous reprocher: ce n'est pas vous qui avez tué votre frère, ce n'est pas vous qui avez incité votre père à partir combattre à l'autre bout du monde. Vous en avez même souffert, c'est évident, mais c'était sa vie, il a fait ses choix... Qu'il a payés, lui, très chèrement. Ce n'est pas vous non plus qui êtes directement responsable des désespoirs que vous avez pu susciter autour de vous. Aucune d'elles n'était obligée de vous aimer, de vous désirer ou de coucher avec vous… Des ruptures, il y en a tous les jours, il y a aussi des jeunes femmes séduites par des individus comme vous, des manipulateurs, je vous l'ai dit, des reproducteurs d'œuvres d'autrui. C'est dans la nature humaine… Vous affirmez qu'il n'y a pas de victimes innocentes, et vous faites tout pour me convaincre que vous en êtes une. Mais arrive toujours le moment du bilan, de la confrontation avec soi-même, qui est la plus importante, la plus doulou-reuse et la plus destructrice…

L'HOMME. — Le moi profond, le retour sur soi, la recherche du pardon… On connaît tout cela par cœur.

LA FEMME. — Néanmoins je voudrais que les choses soient très claires entre nous. Vous n'allez pas mourir parce que vous êtes puni. Vos actes n'ont pas diminué vos chances. La vie n'est pas un permis à point… (*Un temps.*) C'est simplement l'heure, votre heure qui est arrivée. Mais reconnaissez que vous ne pouvez pas partir comme cela, sans prendre conscience de ce que vous êtes et de ce que vous auriez pu être.

L'HOMME. — Va-t-on passer en revue tous les drames familiaux, les mesquineries des uns, les outrances des autres ? Je peux vous en raconter toute la nuit…

LA FEMME. — Vous redevenez cynique. (*Un temps.*) En fait vous résistez. Malgré les apparences, je ne suis pas là pour vous accabler, mais pour vous aider…

L'HOMME. — Pour m'aider ?

LA FEMME. — Oui, pour vous aider à trouver une certaine sérénité, une paix avec vous-même, plus qu'avec les autres.

L'HOMME. — Si je dois mourir dans les minutes qui viennent, que m'apportera-t-elle de plus votre sérénité ?

LA FEMME. — L'acceptation de la mort. C'est déjà pas mal. Non ? Et puis je ne vous accable pas, je vous libère… Relisez la lettre de votre frère : quel calme, quelle tranquillité, quelle détermination ! Il a complètement dépassé le stade de l'acceptation de sa propre disparition : c'est lui qui a choisi la date, le lieu et le moyen…

*L'homme se lève pour se servir un verre. L'inconnue lui tend le sien. Il la sert en silence puis allume une cigarette avant de retourner s'installer sur le canapé, assis très droit, sérieux.*

LA FEMME. — Vous ne devriez pas fumer, c'est très mauvais pour votre santé et pour vos bronches…

L'HOMME, *la regardant*. — Vous plaisantez j'espère… Ne suis-je pas déjà mort, selon vos dires ?

LA FEMME. — Pardonnez-moi, il m'arrive parfois de m'oublier. C'est une erreur. Mais, malgré ce que vous pourriez penser de moi, et de tout ce que j'ai pu vous dire depuis mon arrivée, j'éprouve, comment dire… ? Une certaine sympathie pour vous… attirance que je qualifierais d'affective…

L'HOMME. — C'est la meilleure. On aura tout vu…

*Il se lève tout en parlant et va à la fenêtre. Les deux personnages se tournent le dos. Ils ne sont qu'à un mètre l'un de l'autre.*

L'HOMME. — Une… certaine… sympathie…

LA FEMME. — Oui… La façon dont vous réagissez ne me laisse pas indifférente, si vous voulez tout savoir… Ne vous méprenez pas : je me sens proche de vous, c'est vrai, je dirais même troublée… Mais n'allez pas en déduire autre chose…

L'HOMME. — Au point où nous en sommes, je pense que nous avons largement dépassé ce type de désir à l'humanisme douteux…

LA FEMME. — Et puis, je sens en vous, comment dire (*Un temps.*) – j'ai du mal à trouver les mots –, un genre de blocage, un nœud que vous traînez depuis des années, depuis toujours même, des évidences dont vous avez conscience mais que vous avez enfouies au plus profond de vous, c'est en cela que je parlais de masques et de protections, des évidences que vous ne voulez pas voir, que vous ne voulez plus voir et qui ne demanderaient qu'à s'extirper... Je suis là pour cela. Pour votre sérénité, pour que vous partiez tranquille...

*Il ne répond pas. La femme retourne s'asseoir sur le canapé, fouille dans son sac et allume une cigarette.*

*Très long silence...*

L'HOMME. — Il pleut encore. Sale temps pour mourir...

LA FEMME. — Il n'y a pas de temps idéal pour partir...

*L'homme se retourne, s'assoit à sa table de travail.*

*Il ne dit rien durant quelques secondes puis fond en larmes, la tête entre les mains. L'inconnue se lève du canapé, vient se placer derrière lui et pose ses mains sur ses épaules.*

LA FEMME. — Laissez-vous aller... Il n'y a rien de plus émouvant qu'un homme qui pleure.

*Long silence. Il pleure, elle est derrière lui, rien ne se passe. Puis l'homme se ressaisit.*

L'HOMME. — De quoi voulez-vous parler? Que voulez-vous que je vous dise? Que vous avez raison? Vous le savez déjà... Que l'on parle de ce qui m'obsède, de ce que je ne veux pas voir... La mort, tous ces morts qui m'entourent, de mon incapacité à communiquer avec les autres, de mon impossibilité à écrire, transcrire ce que j'ai en moi, tout ce que je porte de négatif...? Vous avez raison... Les masques finissent toujours par tomber... On résiste, on refuse, on nie, mais la réalité finit toujours par nous rattraper... Alors oui, si vous voulez je peux vous raconter. De façon parcellaire, sans véritable ligne directrice, au fil de la voix et des idées qui risquent de s'entrechoquer... Si vous aimez les monologues, je vous préviens, vous allez être servie...

LA FEMME. — Rassurez-vous, je suis là pour ça… Vous n'êtes pas obligé.

L'HOMME. — Il faudrait savoir ce que vous voulez. Je ne suis obligé de rien, je ne suis l'obligé de personne… Et ne me dites surtout pas que je suis odieux ou prétentieux… Tout ceci me coûte… Mais vous avez trouvé les mots… Ou plutôt mon frère a trouvé les mots… Vous avez raison : je l'admire. Il a osé, il a bravé les tabous, il a choisi, lui. Oui, je suis responsable de ce qui s'est passé. Mais sans pour autant chercher à me disculper, je ne suis pas responsable. Nous le sommes tous sans l'être en même temps. Tout le monde est responsable et personne ne l'est. Oui, je le suis. Non, eu égard au décalage entre le discours et la réalité, je ne le suis pas. Oui, nous avons tous en nous une part de mystère, de mensonges, d'actes ratés, dont nous ne sommes pas fiers et dont nous ne parlons pas. Et arrive un moment où tout éclate au grand jour, comme un soulagement suprême, comme une délivrance, j'irais même jusqu'à dire : comme une renaissance… Nous passons notre temps à nous adapter à la personnalité des autres parce que nous avons peur de les perdre. Nous passons notre temps à nous adapter à nous-mêmes, si nous en sommes capables, parce que nous avons peur de nous perdre… C'est cela que vous voulez m'entendre dire ? Et bien je vous le dis !

LA FEMME. — Et à jouer, avec soi-même ou avec les autres…

L'HOMME. — Nous n'en sommes plus là. Croyez-vous que j'ai choisi, moi ? Je ne suis entouré que de disparus, de morts, d'hommes et de femmes avec lesquels il n'y avait aucun dialogue possible parce que seule leur petite personne les intéressait. Pour supporter ces individus, il n'y a pas le choix : devenir pire qu'eux ou être broyé. (*Un temps.*) Vous avez raison : je dis "notre mère", parce que nous avons passé notre temps, mon frère et mes deux sœurs à la partager, entre ses lubies, ses colères, son mari absent, à tous les sens du terme, et notre petit frère… Mes sœurs, les deux jumelles, disent, disaient – je les ai perdues de vue, vous le savez – "notre mère" également. Mon père ce n'est pas pareil : lorsqu'il était là, rarement, peu de temps, il s'intéressait à chacun de nous, il s'inquiétait de chacun de nous… Mais il n'avait qu'une seule passion : la guerre, le combat, les amitiés viriles…

LA FEMME. — On peut en parler si vous le voulez…

L'HOMME. — Non, ce ne sera pas nécessaire. (*Un temps.*) Et après tout, peut-être étaient-ils des parents comme les autres…

LA FEMME. — Je ne dirais pas cela comme ça : ce sont des parents comme les autres, oui, qui croient la plupart du temps bien faire, qui peuvent être égoïstes ou possessifs… Vous n'avez jamais eu d'enfant, parce que cela vous ennuie profondément, par paresse, vous ne pouvez donc pas comprendre. Je le sais, nous ne reviendrons pas là-dessus, mais il faut que vous preniez conscience, une bonne fois pour toutes que la relation de votre mère à votre père ne regardait qu'eux, c'est leur vie à eux, avec leurs codes, leurs problèmes, leurs attentes… Vous êtes parti…

L'HOMME, *lui coupant la parole.* — Leur vie, oui, leurs codes oui, pourquoi pas… mais à condition de ne rien faire peser sur les enfants. Oui, je suis parti parce que je ne supportais plus les disputes, les haines, les intermédiaires, le poids de l'exigence que l'on faisait peser sur nous, la souffrance de l'incompréhension, les angoisses des disputes, des colères sans raison valable… Oui, je me suis forgé une carapace, un masque comme vous le dites si bien…

LA FEMME. — Qu'entendez-vous par les intermédiaires ?

L'HOMME — (*Un temps.*). Comment vous dire ? Nous

n'avons pratiquement jamais eu de nouvelles de mon père en direct : c'était toujours notre mère qui nous en donnait. Même quand il était là : "Ne faites pas de bruit, votre père est fatigué… Si vous saviez ce que votre père m'a dit… Et que va penser votre père… Votre père est très en colère contre vous…" Voilà ce que j'appelle les intermédiaires. Et dès qu'elle quittait la maison, il s'occupait de chacun de nous. Nous en avons tous souffert…

LA FEMME. — Vous avez souffert de quoi ?

L'HOMME. — Je viens de vous le dire…

LA FEMME. — Vous n'avez pas compris le sens de ma question : de quoi avez-vous, vous, vraiment souffert, si ce n'est de l'absence du père ?

L'HOMME. — L'absence du père… ? Lorsqu'il était en mission ? Oui, mais c'était son métier, donc je l'acceptais. Et puis je viens de vous le dire, nous n'avions de ses nouvelles que par l'intermédiaire de notre mère. Il écrivait à chacun de nous, elle lisait les lettres et ne nous délivrait qu'un piètre résumé dont j'ai toujours pensé qu'il ne correspondait pas à la réalité. Je ne l'ai appris qu'après. Mais qu'importe ! Oui. C'est d'une absence dont j'ai souffert, mais pas de celle dont vous me parlez… Plus encore, j'ai été meurtri de celle plus pernicieuse, lorsqu'il était là et que notre mère déroulait un écran entre lui et nous, en permanence…

LA FEMME. — Ne croyez-vous pas que chacun doit vivre sa vie ? Faisons-nous des enfants pour nous et pour rester auprès d'eux ? Faisons-nous des enfants parce que nous en avons envie à un moment, pour nous reproduire ? Faisons-nous des enfants pour entrer dans le rang ? Pour acquérir un statut social… ?

L'HOMME. — Vous savez bien que non. Vous savez bien que ce que vous venez de dire ne tient pas la route. La seule chose sensée que vous venez de dire c'est qu'on ne fait pas des enfants pour soi. C'est tout. Le reste n'est que divagations, vision un peu simpliste de la société. Chacun de nous a ses propres motivations. Je hais la psychanalyse lorsqu'elle cherche à démontrer que tout vient de l'inconscient… Mais, quoi que vous pensiez, j'en ai quelques notions, et je sais que lorsque les mères se comportent comme des pères, et lorsque les pères ne s'imposent pas en tant que tels, ne s'interrogent pas sur leur rôle et leur pouvoir, ou même ne s'imposent pas quand c'est nécessaire, les fils traînent toute leur vie l'impression de ne jamais avoir rencontré leur père. Cela vous éclairera peut-être sur mon non désir d'enfant…

LA FEMME, *après un silence.* — Quel étrange changement de comportement… Qui aurait cru, voici quelques minutes encore, que vous réagiriez comme vous le faites. Je suis heureuse, je n'ai pas perdu mon temps… Et ne riez pas de ce que je vais dire. Vous n'avez pas perdu le vôtre non plus…

L'HOMME. — Merci de me prévenir. Je trouve, en raison des circonstances, ce genre d'humour un peu déplacé…

LA FEMME. — Ce n'est plus ce qui compte maintenant. Certes, vous vous êtes bouché les yeux, certes vous vous êtes créé une carapace, certes vous avez fait des choix que vous reprochez aux autres de ne pas avoir faits. C'est vous et votre problème. Votre vie… Votre frère, j'irais même jusqu'à dire que c'est un épiphénomène dont vous n'êtes même pas responsable. (*Un temps.*) En revanche il y a des faits qui, mêmes s'ils ne peuvent vous être directement reprochés, témoignent d'une attitude dont il conviendrait de parler… Entendez bien ce que je veux vous dire, écoutez-moi : vous n'étiez pas obligé de tout consacrer à "l'œuvre", au détriment du reste. Vous n'étiez pas obligé de vous enfermer dans une tour d'ivoire. Vous n'étiez pas obligé d'étouffer ceux qui vous aimaient. Mais j'en arrive à penser que ce n'était pas vous, mais un autre, un schizophrène, doublé d'un paranoïaque au sens psychiatrique du terme. Vous voyez, j'en arriverais même à vous trouver des excuses...

L'HOMME, *après l'avoir regardé.* — Mais je ne cherche pas d'excuses. Vous vous répétez et passez votre temps à mettre le doigt là où ça fait mal... Je n'ai rien demandé. J'étais là, tranquille, et vous déboulez dans ma vie... (*Un temps.*) Enfin, c'est une façon de parler...

LA FEMME. — Reconnaissez que vous vous exprimez enfin sur un certain nombre de points que vous occultiez consciemment, ou non, de votre esprit, par facilité, par lâcheté, par vanité...

L'HOMME. — M'en laissez-vous le choix?

LA FEMME. — Pour une fois, regardez la réalité en face. Oui, vous parlez. Oui, vous prenez conscience de beaucoup de choses. Oui, vous vous êtes forgé un personnage pour être débarrassé du poids de votre conscience ou de l'obligation de vous intéresser aux autres. Oui vous venez de faire un long travail, un véritable chemin. Et j'en suis très fière. C'est mon travail. C'était l'objet de ma mission et donc de ma visite. Oui, l'attitude de vos parents n'a pas été sans influence sur vous et sur ce que vous êtes devenu ou ce que vous avez cherché à devenir. Oui, votre enfance. Oui, tout le reste... Mais, en attendant, à l'âge adulte, même si vous êtes perturbé et qu'une bonne psychanalyse ne vous aurait fait que du bien, il est des faits qui sont là: une situation que vous devez admettre, reconnaître et accepter, ne serait-ce que pour partir serein.

L'HOMME. — Vous parlez de psychanalyse. Il y a deux cents ans, cela n'existait pas. Comment faisaient les hommes?

LA FEMME. — Vous le savez très bien, vous êtes trop intelligent pour cela. Certains finissaient en asile, d'autres tombaient malades et personne ne comprenait les raisons de leur malaise ; certaines femmes étaient parfois traitées d'hystériques… Et puis existait la religion, beaucoup plus présente et forte qu'aujourd'hui. La cohésion et le lien social se créaient et s'entretenaient à l'entrée et à la sortie de la messe, sur le parvis de l'église. La confession par exemple, le prêtre auquel on se confiait, celui-là même qui était chargé, dans son sacerdoce, d'aider les hommes et les femmes, leur permettait d'extirper, d'expurger. L'instituteur, dans les campagnes, qui servait de médiateur. (*Un temps.*) Mais ne rentrons pas dans ce genre de propos. Nous n'en avons d'ailleurs plus le temps. Les minutes nous sont comptées et certains points n'ont pas encore été abordés…

L'HOMME, *comme se parlant à lui-même.* — *Vulnerant omnes, ultima necat…*

LA FEMME. — Que voulez-vous dire ?

L'HOMME — Je pensais que vous connaissiez vos classiques.

LA FEMME. — Vous ne vous départirez donc jamais de cet esprit de supériorité, de ce besoin de montrer que c'est vous qui savez, en débitant au kilomètre les pages roses du dictionnaire… En définitive, vous n'êtes pas odieux. Ce mot n'est pas approprié… Vous êtes rustique… !

L'HOMME. — "Toutes blessent, la dernière tue"… C'est une inscription latine qui autrefois était placée sur les cadrans d'horloge des églises. Je faisais simplement référence au temps, aux heures et aux minutes qui nous sont comptées…

LA FEMME. — Bref, restons en là… Être passé à côté de votre frère par exemple, prendre par-dessus la jambe la lettre de rupture dont nous avons parlé, ce ne sont que des exemples ; faire écrire d'autres que vous, les traiter comme moins que rien, ce n'est qu'un fait, une attitude. Et, au final, cela ne regarde que vous. L'important est de prendre cons-cience de qui l'on est réellement, puis de l'accepter ou de le refuser. De continuer ou d'arrêter. Votre frère a fait un choix :

arrêter. Vous, vous ne vous êtes jamais posé la question. Mais c'est vous, et cela n'étonnera personne. Vous êtes un mélange d'individu profondément attachant et en même temps profondément repoussant…

L'HOMME. — Vous pouvez penser ce que vous voulez… Odieux, rustique – d'ailleurs on ne me l'avait jamais faite celle-là…! – Rustique…! (*Il rit.*) Rustique…! C'est la meilleure…! Pensez donc ce que vous voulez, mais je ne déroge pas à la règle : nous sommes tous ambivalents, il y a en chacun de nous deux êtres, deux faces, comme une pièce de monnaie… Nous sommes tous un peu Janus.

LA FEMME. — Oui, mais à la condition d'être logique avec ceux qui nous entourent. Je ne sais plus si nous en avons parlé, je commence à être fatiguée, pardonnez-moi, mais l'entourage, lui, se base sur le discours, sur l'image. Il perd pieds, il souffre lorsque la réalité est en décalage avec le discours permanent ; c'est vous même qui l'avez dit… (*Un temps.*) Et puis, nous divaguons… Vous avez une tendance naturelle à généraliser sur votre propre personne. Revenons à l'essentiel : ne vous êtes vous jamais dit que votre frère ou vos sœurs avaient peut-être vécu cette période, votre enfance commune, votre mère, votre père, ses absences, différemment de vous, et que donc, par voie de conséquence…

L'HOMME. — Je vois où vous voulez en venir…

LA FEMME. — … et que donc, par voie de conséquence, vous n'avez aucune raison de leur en vouloir ou de les mépriser parce qu'ils n'ont pas choisi le même chemin que vous, celui de la rupture totale. Mais vous êtes un manipulateur. Nous en avons déjà parlé. C'est comme pour Laurence, votre ex-femme…

*RIDEAU*

# QUATRIÈME TABLEAU

*L'homme & la femme*

*La même pièce. la femme est assise sur le canapé dans sa partie la moins éclairée. On la devine plus qu'on ne la voit.*

*Durant tout le tableau, l'homme marche de la fenêtre à la porte d'entrée, le plus souvent les mains dans les poches.*

*Il regarde régulièrement sa montre, tapote le cadran, la porte à son oreille.*

*Long silence.*

L'HOMME. — Pourquoi voudriez-vous que l'on parle de mon ex-femme ? N'avons-nous pas déjà abordé tous les thèmes dignes d'intérêt ? N'en ai-je pas suffisamment dit ? Ne me suis-je pas mis à nu ? Que vous faut-il de plus ? Si effectivement je suis mort alors finissons-en, n'en parlons plus…

LA FEMME. — "Notre mère", "mon frère", "mon ex-femme"… Bizarre que vous ne parveniez pas à appeler les gens par leur nom… Vous pourriez dire "Laurence", tout simplement. Gide avait une phrase…

L'HOMME. — Encore ? Mais j'emmerde Gide et ses phrases à l'emporte-pièce…

LA FEMME. — Gide avait une phrase que je trouve tellement pleine de bon sens : «Les personnages demeurent inexistants aussi longtemps qu'ils ne sont pas baptisés». C'est beau, non ? Alors dites "Laurence"…

L'HOMME. — Soit vous n'avez pas d'autres références, soit c'était votre amant…

LA FEMME. — Croyez ce que vous voulez. Non seulement

je n'ai pas le droit d'en parler, mais en plus, je n'ai pas envie de vous en parler. Je vous rappelle simplement que je suis en mission…

L'HOMME. — On le saura! Dois-je en déduire que, dans le cadre de vos missions, vous êtes spécialisée dans les écrivains?

LA FEMME. — Ne persiflez pas. Le fait que ce soit moi, ici, cette nuit, n'est qu'un hasard…

L'HOMME. — Comment était-il avec vous?

LA FEMME. — Qui?

L'HOMME. — Et bien… Gide… C'est de lui dont nous parlons depuis un bon moment…

LA FEMME. — Naturel, tourmenté comme tous les vrais écrivains, mais très prévenant, un amour d'homme… Tout l'inverse de vous! Que n'avez-vous pas lu *Paludes*…

L'HOMME. — Quel intérêt que de lire un ouvrage où chacun y met ce qu'il veut? Ce n'est rien d'autre qu'un manuel dérisoire et désuet à la gloire de la velléité et de l'échec! Des mots, rien que des mots placés bout à bout, et du temps perdu…

LA FEMME. — Une fois de plus, c'est vous qui le dites. Et apparemment vous l'avez vite lu… Il y a pourtant deux points sur lesquels vous êtes très semblables: le sens de l'esquive, c'est indéniable, lui et vous maîtrisiez, et la dualité de personnalité… Gide était double, en permanence, sur tous les points. Il en a eut conscience très jeune. Il l'écrivait déjà dans son journal intime, à dix-neuf ans: «Non, tu ne me connais, tu ne me connais pas; personne ne me connaît et ne suis le même avec personne. Je suis déjà complexe et avec cela comédien.» Mais à une différence près avec vous: il estimait que toute vérité, quelle qu'elle soit et quelles qu'en soient les conséquences, est toujours bonne à dire… (*Elle se reprend aussitôt.*) Oubliez ce que je viens de dire…

L'HOMME. — Vous l'avez donc connu.

LA FEMME, *après un silence.* — Oui… Je vous ai dit avoir passé mon bac en 47… L'année de son prix Nobel… Autre chose que le Goncourt.

L'HOMME. — Un vrai écrivain refuse le Nobel. Voyez Sartre…

LA FEMME. — L'auriez-vous refusé, vous ? J'en doute. Alors revenons à votre ex-femme : pourquoi ne l'appelez-vous jamais par son prénom ?

L'HOMME. — Oh ! Ce n'est qu'un détail… Désolé, mais je ne vois vraiment pas l'intérêt de parler d'elle : nous nous sommes rencontrés au lycée, nous nous sommes mariés, nous avons divorcé comme beaucoup d'autres couples le font tous les jours, elle est sortie de ma vie, elle comme les autres, alors…

LA FEMME. — Vous voyez, nous y arrivons progressivement. C'est en partie pour cela que je voudrais finir sur elle, pauvre femme…

L'HOMME, *lui coupant la parole.* — Pauvre ? Comme vous y allez ! Avez-vous une idée du montant de la pension alimentaire que je lui verse tous les mois ?

LA FEMME. — Ce que vous venez de dire est purement et simplement dégueulasse. L'argent, toujours l'argent…

L'HOMME. — C'est elle qui est partie et c'est moi qui suis dégueulasse ?

LA FEMME. — Elle n'est pas partie pour rien. Et vous le savez très bien. Avec elle aussi vous vous êtes mis des œillères, comme avec votre frère. Vous avez tout vu, tout compris, mais vous n'avez pas bougé. Vous avez toujours tout vu mais vous n'avez jamais voulu voir.

L'HOMME. — C'est un leitmotiv chez vous…

LA FEMME. — Me laisserez-vous parler un peu, à la fin. Ou vous vous mentez à vous-même, ou vous me prenez pour une imbécile. Et j'ai bien peur que dans votre esprit ce ne soient les deux à la fois. Vous savez très bien que les années passées avec Laurence ont été moins linéaires et simplistes que vous voulez bien le dire. Vous savez très bien que cela ne s'est pas passé comme vous le dites… (*Sur un ton ironique.*) On s'est rencontrés, on s'est mariés, on a divorcé… Et puis après tout, elle n'a pas à se plaindre puisque le Maître verse en temps et en heure une grosse pension alimentaire… Alors où est le problème ? Cela ne s'est pas passé comme ça : vous l'avez étouffée, écrasée, humiliée. Vous avez considéré qu'elle n'était pas à votre hauteur, qu'elle ne méritait pas votre talent, qu'elle ne méritait pas sa place à vos côtés, et vous l'avez jetée, comme les autres, pire que les autres parce que, finalement, vous l'avez broyée. Si elle n'était pas partie, vous l'auriez détruite !

L'HOMME, *cessant de faire les cent pas et se plantant devant elle.* — Attendez, attendez… Mais de quoi parlez-vous ? Elle est partie deux ans, elle est revenue avec un môme. Nous avons repris la vie commune. J'ai tout donné, tout accepté. (*Un temps.*) Puis elle est repartie…

LA FEMME. — Et l'enfant ? L'avez-vous accepté ?

L'HOMME. — Vous n'auriez tout de même pas voulu qu'en plus je l'élève ?

LA FEMME. — Qu'est-il devenu ?

L'HOMME. — Il a été pris en charge par ses grands-parents maternels. Je n'en sais pas plus… Je ne l'ai jamais vu. Il doit avoir une vingtaine d'années. Je suppose qu'il est étudiant…

LA FEMME. — Pourquoi avez-vous toujours refusé de lui faire un enfant ? Vous saviez que c'était chez elle un désir profond. D'autant que c'était avec vous qu'elle avait envie de l'avoir.

L'HOMME. — Nous en avons déjà parlé : un enfant ? Mais pour quoi faire ? Les couches, les cris, le temps perdu à s'occuper des devoirs, et que sais-je encore? Non, non: c'était clair entre elle et moi, dès le départ… Je lui ai toujours dit que je ne voulais pas d'enfant. Elle m'a épousé en parfaite connaissance de cause.

LA FEMME. — Mais toute situation, ou affirmation de ce type, peut évoluer…

L'HOMME. — C'était sans appel!

LA FEMME. — C'est incroyable comme votre frère et vous avez pu connaître des destins strictement contradictoires… Lui en voulait un, sa femme trouvait qu'il était trop tôt. C'est peut-être en partie pour cela qu'elle l'a quitté si vite, et vous… (*Un silence.*) Et vous… (*Un temps.*) Qu'est-ce qui vous dit que l'enfant de Laurence n'est pas de vous?

L'HOMME, *en la toisant.* — Vous voulez rire, je suppose! Puisque je vous dis que nous nous sommes séparés pendant près de deux ans, à l'époque…

LA FEMME, *haussant légèrement le ton.* — Mais vous n'êtes pas resté sans nouvelles de Laurence, vous n'êtes pas resté sans la voir, sans la rencontrer… Combien de fois l'avez-vous appelée uniquement parce que vous aviez envie de coucher avec elle; parce que vous n'aviez rien d'autre à vous mettre sous la dent ces soirs-là…?

L'HOMME. — Vous êtes ignoble!

LA FEMME. — Je vous en prie, n'inversez pas les rôles. Ce qui est terrible avec vous, c'est qu'arrive un moment où le vocabulaire pour vous qualifier se raréfie. Et Dieu sait que la langue française est riche…

L'HOMME. — Oh! Vos sarcasmes vous pouvez vous les…

LA FEMME, *le coupant.* — Je préférerais ne pas savoir ce que vous souhaiteriez que j'en fasse. Évitons la vulgarité, la situation est déjà suffisamment pénible…

L'HOMME, *la pointant du doigt.* — Mais c'est vous qui la

rendez pénible. Je ne demandais rien. Je ne suis pas venu vous chercher.

*Il se sert un grand verre de whisky qu'il boit d'une traite. Elle lui tend son verre dans lequel il verse une petite rasade qu'elle avale également d'une traite.*

L'HOMME. — Vous avez mis plein de rouge à lèvres sur votre verre. Je déteste ça…

LA FEMME. — Est-ce si important? Est-ce plus important que notre conversation? Est-ce plus important que ce moment que vous traversez, cette fatalité dans laquelle vous êtes prisonnier, sans aucun espoir d'en réchapper? Vous savez que vous allez mourir, que vous êtes déjà mort, et ce qui vous importe c'est le rouge à lèvres que je laisse sur votre verre? Vous n'échapperez pas à ce qui a été décidé. L'heure, c'est l'heure. Je tiens donc à ce que certaines choses soient dites. Pour la suite, pour vous aider…

L'HOMME. — Vous vous trompez. Lorsque j'ai rencontré Laurence, nous avions le même âge, nous étions très jeunes, une quinzaine d'années. C'était une jeune femme très mature pour son âge, très intelligente, trop mature, trop intelligente. Elle a tout de suite compris l'intérêt qu'elle pourrait tirer à rester avec moi. Elle s'est servie de moi, elle m'a manipulé, elle a toujours aimé les signes extérieurs de richesse, elle a toujours été attirée par le pouvoir, par la puissance. Elle est restée avec moi, puis elle est partie mais si elle est revenue, c'est uniquement par confort moral, affectif et financier…

LA FEMME. — Ça, c'est vous qui le dites, c'est votre interprétation des choses. C'est ce qu'on vous a raconté et que vous avez sûrement gobé parce que cela va dans le sens du personnage que vous vous êtes forgé, cette carapace qui vous évite de penser, d'analyser et donc de comprendre. Cette armure uniquement destinée à vous protéger, à protéger en définitive votre égocentrisme. Cette carapace qui vous permet en toute bonne conscience de ne penser qu'à vous.

L'HOMME. — Mais elle m'a trompé. Vous semblez l'oublier. Elle avait tout, tout pour être heureuse... Pourquoi aller voir ailleurs?

LA FEMME. — Oui, elle avait tout. Tout, sauf l'essentiel : vous!

L'HOMME. — N'empêche qu'elle m'a trompé plusieurs fois...

LA FEMME. — Et alors? On ne trompe pas les gens par hasard : il y a toujours une raison, un malaise, une attente non satisfaite, une quête, que sais-je encore? N'êtes-vous pas suffisamment intelligent pour admettre que le confort moral, affectif, financier, et pourquoi pas sexuel, ne suffisent pas toujours? Et alors, elle aussi avait le droit de faire des bêtises, des erreurs, ses propres expériences, de chercher ailleurs les moyens de répondre à ses malaises. Pensez-vous qu'il soit facile de vivre à vos côtés? J'irais même jusqu'à dire survivre... Pensez-vous que quiconque puisse vivre Sa Vie dans votre sillage? En amour, il y a ce que l'on donne, ce que l'on accepte de donner, de dévoiler, de dire... (*Un temps.*) Mais il y a aussi ce que l'on reçoit et surtout ce que l'on accepte de recevoir...

L'HOMME. — Faciles comme arguments...

LA FEMME. — Vous saviez qu'elle n'était pas bien.

L'HOMME. — À vous entendre, je suis une calamité pour tous ceux qui m'entourent...

LA FEMME. — Vous ne croyez pas si bien dire! Vous saviez que Laurence souffrait à vos côtés, qu'elle était mal dans sa peau, dans sa tête, dans son corps. Vous saviez qu'elle étouffait... Et vous n'avez rien fait, vous n'avez pas bougé, vous n'avez même pas cherché à comprendre, à discuter avec elle.

L'HOMME. — Mais comment aurais-je pu le savoir? Elle était très secrète, renfermée sur elle-même. C'est elle qui ne parlait pas.

LA FEMME. — Lui avez-vous laissé un espace, une ouverture, une occasion de vous parler ? Non, seule votre œuvre comptait pour vous. Pourtant elle vous a écrit plusieurs fois…

L'HOMME. — Laissez-moi deviner : vous allez me sortir une de ses lettres ? C'est une manie chez vous ! Des lettres j'en reçois des dizaines par jour…

LA FEMME. — Oui, je sais. Mais pas de la femme que vous êtes censé aimer…

L'HOMME, *l'interrompant.* — Mais je l'ai aimée…

LA FEMME. — Vraisemblablement, mais à votre maniè-re, comme pour vos parents, vos sœurs, votre frère, vos petites amies de passage… (*Un temps.*) À votre manière… Elle aussi vous l'aurez croisée, mais sans jamais la ren-contrer. Oui, effectivement, j'ai en ma possession un certain nombre de lettres qu'elle vous a envoyées, ou déposées. Bien sûr, elles sont maladroites. Elle n'est pas écrivain, elle. Elle ne court pas après une œuvre tout aussi aléatoire que fantomatique.

L'HOMME. — Dites-moi, ce n'est plus le Réveillon, c'est la nuit des Oscars de la Poste !

LA FEMME. — Ne soyez pas cynique… Quoi que derriè-re votre attitude se cache, à mon avis, une véritable prise de conscience que, quoi qu'il arrive, vous n'admettrez jamais. Je vous lis juste les premières lignes… Vous allez très vite savoir de quelle lettre il s'agit. C'est celle écrite avant votre séparation de près de deux années.

L'HOMME. — Une fois de plus, est-ce indispensable ?

LA FEMME. — Vous êtes-vous déjà interrogé sur la diffé-rence entre l'indispensable et le nécessaire… ?

L'HOMME. — On va où là ?

LA FEMME. — Désolé, c'était juste une remarque. Laissez-moi vous lire les premières phrases ; juste les premières…

*La femme sort un document de son sac.*
*L'homme l'observe.*

L'HOMME. — Il y en a encore beaucoup de cet acabit?

LA FEMME. — Non, non, rassurez-vous, c'est la dernière, puis je disparais… Écoutez plutôt : « Je pars mais je ne
« te quitte pas… Paradoxe? Vraisemblablement. Tu n'es
« d'ailleurs que paradoxe. Alors, comment réagir autre-
« ment avec toi? On ne quitte pas un homme comme
« toi… On s'en éloigne, mais il reste et restera toujours
« une marque indéfectible, une douleur, une empreinte
« qui, au final, ne disparaîtra jamais et fera que je ne
« parviendrai jamais à me défaire de toi… Je ne parle pas
« d'amour, mais de souffrance. Quoi qu'il arrive, tu fais
« partie de ma vie. Ni positivement ni négativement.
« Tu es là, en moi, avec la force des habitudes, des années,
« des dits et des non-dits, tes silences, ton orgueil
« démesuré, ton "œuvre", et tout le reste… » (*Un temps.*)
Voulez-vous que je poursuive?

L'HOMME. — Ce n'est ni nécessaire ni indispensable. Je me souviens de cette lettre…

LA FEMME, *l'interrompant.* — Et vous, au fait, ne l'avez-vous jamais trompée?

L'HOMME. — Ce n'est pas pareil. C'étaient des filles sans importance, sans lendemain. Et, après tout, un homme se prête, une femme se donne…

LA FEMME. — Ah bravo! Dans le style misogyne limite déficience mentale, on ne fait pas mieux… L'homme au travail, la femme aux fourneaux du temps que vous y êtes; et l'important, que la soupe soit chaude et servie à l'heure… (*Un silence.*) C'est incroyable, et j'ai bien peur que cela ne change jamais : depuis la nuit des temps, et jusqu'au jour dernier de l'Apocalypse, l'homme, j'ai bien dit l'homme, le mâle, considère que de coucher avec une femme est normal. Cela le conforte dans son ego, dans son désir de plaire, dans son angoisse, dans sa recherche de preuves matérielles de ses potentialités de séduction… Et puis, après tout, ce n'est qu'un homme… Et quand la nature réclame, comme disait ma grand-mère… Mais qu'une femme en fasse autant, qu'elle vive sa vie sans se poser d'autres questions que son bien-être, son plaisir ou ses pulsions, pourquoi pas, son envie parfois de vivre autre chose, et c'est automatiquement une salope! Mais je ne suis pas dupe. Vous êtes comme tous les autres: qu'une femme se donne, s'abandonne dans vos bras, et vous avez, momentanément, l'impression d'exister. C'est à la fois humain et profondément égoïste. (*Un temps. L'homme ne bouge pas, le regard dans le vague.*) Pas vous, non, pas vous. Ce n'est pas digne de ce que vous avez écrit, de votre œuvre, comme vous dites, même si elle est largement usurpée… (*Un temps.*) Vous serez décidément passé à côté de tout. Vous n'avez jamais su aimer, et pourtant vous l'avez été, et bien plus que vous ne l'imaginez… Vous estimez être à tel point exceptionnel que vous ne concevez pas une seule seconde devoir vous soumettre à la morale commune…

L'HOMME, *ne l'écoutant plus depuis un moment.* — Elle m'a menti…

LA FEMME. — Ce n'est pas le mensonge qui est en cause, même s'il fait terriblement souffrir, c'est la prise de conscience qu'un jour il y a décalage entre le discours et la réalité des choses. Mais nous en avons déjà parlé… Vous auriez pu tout lui pardonner, si vous l'aviez voulu…

L'HOMME, *comme se parlant à lui même, sans écouter l'inconnue.* — C'est aussi la mise à mal de l'image que l'on s'était forgé de quelqu'un, au travers de ses actes apparents, de ses mots, ou de son comportement. Le pardon n'efface ni les mensonges, ni la douleur. Il apaise celui qui le reçoit.

Il mine peu à peu celui qui le donne. La douleur reste. Et c'est de se dire qu'il y a peut-être en l'autre un double, différent, totalement opposé, que l'on ne connaît pas, qui joue ou qui ne joue pas, qui manipule ou ne manipule pas… Et au bout du compte, comment savoir? (*Un temps.*) «Nous vivons auprès d'êtres que nous croyons connaître: il manque l'événement qui les fera apparaître tout à coup autres que nous les savons.»

LA FEMME. — Belle formule! Elle n'est malheureusement pas de vous… Quoi qu'il arrive, vous resterez donc reformulateur et récupérateur…? Vous n'êtes même plus capable de penser par vous même!

L'HOMME. — Bref!

LA FEMME. — Vous avez raison: passons! Certes, le mensonge fait mal, c'est certain. Mais ne pouvez-vous pas concevoir que l'on puisse mentir par amour; pour ne pas faire mal; ne pas perdre l'autre; ne pas le faire souffrir?

L'HOMME. — Non! Mentir c'est trahir. Et pardonner ne résout rien. Trop facile! C'est comme l'absolution… Le temps ne favorise que l'oubli. Et encore… (*Un temps.*) Mais il ne saurait effacer la douleur. Qui sait? Peut-être que dans l'interminable lenteur de l'enfer humide de Longwood, Napoléon a-t-il fini par oublier Waterloo. Ce n'est pas pour autant que la bataille n'a jamais existé!

LA FEMME. — Soit! C'est votre conception… (*Un temps.*) Mais le pardon, contrairement à ce que vous dites, libère autant celui qui le donne que celui qui le reçoit. Il n'efface peut-être pas la souffrance, ni la sensation de trahison, je vous l'accorde, mais il renvoie à la notion de vérité, la vérité vraie comme nous disions lorsque nous étions enfants. La vérité n'existe pas, vous le savez bien. Il n'y a pas une vérité, mais des vérités qui s'entrechoquent, qui s'emmêlent, qui s'assemblent les unes aux autres et chacun ne voit que la sienne, celle qui l'arrange, celle qui est en adéquation avec ses attentes. La vérité est un oignon…

L'HOMME. — Allez-y, développez, je sens que ça va être intéressant…

LA FEMME. — Ne riez pas, d'autant qu'il n'y a rien de drôle ! La vérité est comme l'oignon, constituée de couches qui se superposent. Vous pouvez toujours les retirer, les unes après les autres, au centre il n'y a rien…

L'HOMME. — Pardonnez-moi, mais je ne suis pas convaincu.

LA FEMME. — Tant pis, passons à autre chose. (*Un temps.*) Vous parliez tout à l'heure de Janus… N'êtes-vous pas vous-même ce double personnage ? Vous me l'avez avoué il y a un moment et vous osez reprocher aux uns de n'avoir pas fait comme vous et dans le même temps vous humiliez les autres parce qu'ils vous ressemblent, parce qu'ils peuvent être parfois ambivalents, conserver une part secrète de leur personnalité ? Ne reprochez pas à ceux qui vous ont aimé, à la fois ce que vous êtes et ce qu'ils ne sont pas…

L'HOMME, *poursuivant sans l'entendre, toujours sur le même ton.* — Et puis le mensonge, au-delà de votre conception très particulière de la vérité, le mensonge, même pardonné, entraîne la suspicion, le doute quasi permanent qui ronge, les interrogations qui finissent par éroder l'esprit… Chaque mot, chaque phrase, chaque acte se transforme en sujet de questionnement, de remise en cause de la confiance, du discours et finalement de l'amour… Cela devient très vite insupportable, déstabilisateur, invivable…

LA FEMME. — Il est alors tellement plus simple de détruire, n'est-ce pas ? D'où la carapace… Mais parfois le mensonge est un message. Et ses messages à elle, vous ne les avez jamais reçus… Parce que vous ne vouliez pas les recevoir ! Parce que, comme pour votre frère, vous ne vouliez pas voir. Et pourquoi ? Simplement pour votre petit confort moral à vous… Consciemment ou inconsciemment vous avez joué avec elle, comme le chat avec la souris encore vivante : il sait que quoi qu'il arrive il la croquera, mais il la retourne avec sa patte, la laisse partir puis l'attrape à nouveau… La souris sait qu'elle ne lui échappera pas. Mais il lui en donne parfois l'espoir. C'est à la fois inéluctable et très cruel. Finalement la souris s'abandonne. Uniquement pour arrêter le jeu… Et vous n'êtes pas différent des autres. L'homme a toujours débordé d'imagination créatrice pour faire souffrir ses semblables. Au point même d'ériger en art national sa capacité à inventer des supplices plus élaborés les uns que les autres. Les Chinois remportent vraisemblablement la palme. Mais plus proche de nous, géographiquement, ne serait-ce que la Guillotine… Voici une invention diabolique : couper la tête d'un homme… N'est-ce pas là une démarche profondément inhumaine ? Au XVIIᵉ siècle…

L'HOMME. — Êtes-vous là également pour me donner un cours d'histoire… ?

LA FEMME. — Laissez-moi finir, vous allez comprendre… Au XVIIᵉ siècle, l'arsenal pseudo juridique, ici, en France, pas chez les Perses ou en Chine, ici, à Paris, était d'un raffinement très élaboré en mettantt en avant le statut social du condamné : le noble est décapité, le voleur roué, le faux-monnayeur bouilli vivant dans un chaudron, l'hérétique brûlé et le domestique pendu. Quant aux régicides, je ne vous en parle même pas : Ravaillac a subi le tenaillement, puis le versement de plomb fondu et d'huile bouillante sur ses plaies avant d'être écartelé. Et j'oubliais qu'entre-temps on lui avait coupé la main… Mais il y a plus cruel encore : le supplice de l'indifférence… Et vous êtes passé maître en la matière !

L'HOMME. — Mais c'est elle qui m'a manipulé… Les fautes les plus graves, c'est elle qui les a commises.

LA FEMME. — Non, elle ne vous manipulait pas, elle vous aimait, mais à sa façon… Tout comme vous, l'écrivain, le Maître qu'elle admirait, quoi que vous pensiez, vous auriez pu voir les choses à l'inverse de votre aveuglement : quoi qu'elle ait pu faire, c'est finalement toujours vers vous qu'elle revenait. (*Un temps.*) Et c'est à vous, et à vous seul, qu'elle disait "je t'aime"… (*Un temps.*) Et après tout, qu'est-ce qu'une faute ?

L'HOMME. — Je sens que vous allez me le dire puisque vous êtes celle qui sait…

LA FEMME. — Ne soyez pas inutilement arrogant. Vous savez très bien qu'une faute peut se définir au travers de différents critères : est-ce un malaise, la transgression d'une règle ou d'une norme, une non connaissance de son environnement, un manque de confiance en soi, un manque de jugement ou une mauvaise action… ?

L'HOMME. — C'est d'abord et avant tout une mauvaise action…

LA FEMME. — Vous n'avez donc rien compris. Parfois la faute est là, avant même d'avoir été commise…

L'HOMME. — Bien sûr ! Pas de problème. Normal d'où vous venez ! Vous allez me faire le coup de Caïn et Abel ? Et de Dieu qui met en garde Caïn ? Moi aussi j'ai lu la Bible, même si nous estimons tous deux que ce ne sont là qu'exégèses de l'homme et du clergé… Je vois parfaitement où vous voulez en venir. C'est, si j'ai bonne mémoire, dans la Genèse, chapitre quatre. Ne me demandez pas dans quel verset… Dieu met en garde Caïn et lui dit : "méfie-toi, la faute est tapie, prête à surgir de toi." Le lendemain, Caïn tue Abel… Et des générations de psychanalystes en ont fait leurs gorges chaudes, sur le thème rabattu de l'inconscient… On en a déjà parlé… (*Un temps.*) C'est exactement comme pour la "sotie" de Gide, *Paludes*, chacun y trouve ce qu'il désire y trouver et, au final, on fait dire n'importe quoi à n'importe qui…

LA FEMME, *claquant lentement des mains.* — Bravo! Mais vous vous trompez dans l'analyse que vous en faites… Pour vous, quoi qu'il arrive, une faute restera toujours une faute parce que vous la jugez par rapport à vous-même, par refus de voir, par égocentrisme. Depuis des années vous êtes resté bloqué au premier degré. Pas de nuance, pas de pardon, aucun recul. Et une faute doit être punie, uniquement parce que c'est une faute… Mais selon vous et vos critères… C'est basique, simple et implacable!

L'HOMME. — Parce que vous avez une autre interprétation?

LA FEMME. — Pas moi personnellement. Mais tous ceux qui se sont intéressés de près ou de loin à la question, vos amis les psychanalystes, par exemple…

L'HOMME. — Ceux qui ont remplacé vos confesseurs…

LA FEMME. — Et alors? Où est le problème? L'important n'est pas là. Il est dans la construction de l'homme, seul avec lui-même et avec les outils dont il dispose ou qu'il a créés par lui-même… Psychanalytiquement parlant…

L'HOMME. — Vous avez raté votre vocation…

LA FEMME. — Psychanalytiquement parlant, ce n'est pas de moi, mais de ce que j'ai pu lire de droite et de gauche, une faute n'est rien d'autre qu'une impossibilité à dire, à s'assumer comme un être humain, un être de langage – ce qui, je vous le rappelle, différencie l'homme de l'animal – une insuffisance de parole…

L'HOMME. — La faute est surtout un traumatisme…

LA FEMME. — Vous ne vous imaginez pas à quel point vous avez raison: c'est effectivement un traumatisme, pour celui qui subit, certes, mais surtout pour celui qui inflige… Cela peut aussi vous éclairer sur les difficultés de Laurence, voire son incapacité à parler, à vous parler.

L'HOMME. — Et une fois que l'on a dit tout ça, on en fait quoi, si ce n'est perdre notre temps? (*Il s'anime.*) Regardez les choses en face: la femme n'apporte rien au créateur, ni à l'homme ni à l'œuvre. Bien au contraire. Le célibat est indispensable à la pensée. Nous autres artistes ne sommes pas fait pour le quotidien, la vie conjugale, et ses contraintes. Des enfants? Pour en faire quoi? Nos livres sont nos enfants… Non, non: la femme n'apporte que désagrément, déchéance et sclérose de l'esprit.

LA FEMME. — Ben voyons! Vous alignez les poncifs et les clichés comme d'autres enfilent des perles. Mais vous avez cent cinquante ans de retard, cher ami. Nous ne sommes plus au dix-neuvième siècle. (*Un temps.*) Vous n'aviez pas tort… J'ai bien peur que vous ne soyez totalement hermétique à tout type d'argument. Mais qu'importe… (*Après un long silence.*) Malgré tout, j'ai des difficultés à comprendre pourquoi et comment vous en êtes arrivé là. Vous aviez du talent, je dirais même un vrai talent, une famille, je veux parler de votre femme et de votre frère, qui, eux, vous aimaient très profondément, et bien au-delà de vos défauts, vous aviez une vie toute tracée qui, certes, quoi qui se serait passé d'autre se terminait cette nuit, et pourtant, vous avez tout gâché, tout détruit autour de vous… (*Un silence.*) En définitive, et Dieu sait que j'ai une certaine habitude de ce genre de démarche, vous resterez toujours un mystère pour moi. Vous alternez entre sincérité et orgueil, entre mise à nu et cynisme, entre ce que vous êtes au plus profond de vous et ce que vous cherchez à montrer de vous… C'est épuisant! Parfois vous redevenez vous-même, mais le plus souvent vous restez cet être odieux et imbuvable que finalement j'exècre. J'ai cru un moment être parvenue à vous amener vers plus d'humanité, vers vous-même, vers celui que vous avez été à un instant de votre vie. Je vous l'ai dit:

j'ai cru, tout à l'heure, vous avoir incité à faire tomber les masques, fendre la carapace… Je me suis trompée. Finalement il n'en est rien. Vous n'êtes qu'un balancier qui oscille en permanence entre celui que vous êtes et celui que vous voudriez être, entre l'ombre et la lumière…

*L'homme cesse de faire les cent pas et se ressert un grand verre, le boit d'un trait, le pose sur son bureau, remet les mains dans ses poches, revient vers le canapé et se plante devant l'inconnue.*

L'HOMME. — Désolé, mais il y a quelque chose que je ne comprends pas dans votre démarche, quelque chose qui ne colle pas, qui n'est ni logique ni rationnel… Vous venez m'expliquer que vous êtes là pour m'aider, pour me rendre serein… C'est bien cela ? Et vous passez votre temps à m'agresser sur mon frère et mon ex-femme. Sans parler des insinuations concernant mon travail littéraire… Seraient-ce les seuls points qui achoppent. Qui n'a pas perdu un frère ? Qui n'a pas divorcé un jour ? Sont-ce là des crimes ?

LA FEMME. — Non, ce sont simplement les deux points au travers desquels nous avons abordé tout le reste, mais ce sont effectivement aussi les deux qui…

L'HOMME. — Les deux qui quoi ?

LA FEMME. — Les deux périodes de votre existence durant lesquelles vous avez systématiquement fui. Les deux situations qui, quelque part, en vous et autour de vous, ont déterminé tout le reste…

L'HOMME. — Où voulez-vous en venir ?

LA FEMME. — Nulle part. C'est malheureusement peine perdue. Je me dis simplement que si vous aviez été le grand écrivain que vous dites, et vous auriez pu l'être eu égard à vos premières vraies productions, vous auriez été un être sensible, à l'écoute du monde qui l'entoure, capable de retranscrire des atmosphères, d'inventer des sentiments, d'aller au fond de l'âme de ses contemporains pour créer au vrai sens du terme, pour témoigner. Vous auriez compris le malaise de Laurence. Vous auriez décelé le mal-être de votre frère. Mais le pire, c'est qu'inconsciemment, derrière votre carapace, vous aviez vu tout cela. Je suis même certaine que vous n'avez jamais cru à la thèse de l'accident du Grand Canal…

L'HOMME. — Seriez-vous en train de me dire que si j'avais été tout cela, mon frère serait toujours vivant ?

LA FEMME. — Non. Comme pour vous et comme pour tous les autres son heure était venue. Mais il aurait vécu ses dernières années plus dignement, infiniment plus heureux. Son passage sur terre n'aurait pas été vain. Tout comme le vôtre, d'ailleurs…

L'HOMME. — À vous entendre, je suis un monstre : j'ai abandonné mes parents, j'ai laissé mourir mon frère, j'ai broyé mon ex-femme, j'ai exploité des "nègres" pour construire mon œuvre, j'ai spolié des milliers de lecteurs en leur faisant croire que c'était moi l'auteur. Et tout cela pour quoi ? Pour la "lumière" ?

LA FEMME, *elle accélère son débit* — Désolée, mais nous tournons en rond et nous n'en avons plus le temps… Il nous faut maintenant aller très vite. Je vous l'ai dit tout à l'heure, et je vous le répète : vous avez toujours tout vu, vous êtes trop intelligent pour cela, mais vous n'avez jamais rien voulu voir. Vous n'avez rien vu parce que vous êtes aveuglé, obnubilé par votre propre lumière. Je vous l'ai dit : vous n'êtes qu'une doublure lumière, vous n'êtes que l'ombre de celui que vous auriez pu être, que sa doublure… Rien de plus, rien de moins !

*L'homme ne l'écoute plus depuis un moment. Il s'est réinstallé devant sa table de travail.*

L'HOMME, *après un silence.* — J'ai une question à vous poser. Une question indiscrète…

LA FEMME. — Posez toujours…

L'HOMME. — Quand êtes-vous morte ?

LA FEMME. — Est-ce important ?

L'HOMME. — Oui…

LA FEMME. — De nature à vous aider ?

L'HOMME. — Peut-être… J'aimerais savoir quand et comment vous êtes… morte.

LA FEMME. — Normalement, je n'ai pas le droit de vous répondre…

L'HOMME. — Et pourquoi ? Pourquoi serais-je le seul à parler, à me dévoiler devant une inconnue… ?

LA FEMME. — Cela ne fait pas partie de ma mission… (*Un temps.*) Je ne devrais pas vous le dire, je n'en ai pas le droit… Mais peut-être comprendrez-vous mieux à quel point ma démarche cette nuit, cette mission, peut m'être pénible… (*Un temps.*) Je me suis donné la mort dans la nuit du lundi 19 février 1951. Je venais d'avoir vingt et un ans…

*Long silence. L'homme se lève pour s'approcher d'elle.*

L'HOMME. — Et pourquoi dans la nuit du 19 février 1951 ?

LA FEMME. — Décidément, vous connaissez mal vos classiques mon cher Maître… Vous me décevez… Gide s'est éteint ce jour-là ! (*Long silence.*) Et je présume que vous ne connaissez même pas ses dernières paroles… : « J'ai peur que mes phrases ne deviennent grammaticalement incorrectes – C'est toujours la lutte entre le raisonnable et ce qui ne l'est pas. » Mais tout cela vous dépasse… !

*L'écrivain retourne s'asseoir à sa table, décapuchonne son stylo plume, écrit quelques mots, sans lever les yeux.*

*Pendant ce temps, l'intensité de la lampe située à gauche du canapé diminue jusqu'à plonger cette partie de la pièce dans le noir complet.*

*L'homme reprend la conversation comme si de rien n'était.*

L'HOMME. — Bon, je résume : odieux, vaniteux, prétentieux, rustique, manipulateur… (*Il rit tout en continuant à écrire.*) Pas mal pour un seul homme ! En ai-je oublié ? S'est-on tout dit ?

LA FEMME. — Indécrottable… Quoi qu'il arrive, pour vous, tout n'est qu'une scène, un jeu, pourvu qu'il ne tourne qu'autour de votre personne… (*Un temps.*) Même la mort ?

L'HOMME. — Même la mort… ? Que voulez-vous que je vous réponde ? (*Silence.*) Je vous ai posé une question : que voulez-vous que je vous réponde ? (*Silence, il la cherche des yeux dans la pièce.*) Où êtes-vous ? (*Silence.*) Seriez-vous partie ? (*Il se lève, fait le tour de la pièce et vient se rasseoir.*) Même la mort… ! (*Un temps.*) Même la mort ? Vous ne croyez pas si bien dire ! Et moi aussi je suis capable de choisir où, quand et comment…

*L'homme ouvre alors le tiroir central de sa table de travail, sort un revolver, enfonce le canon dans sa bouche et tire.*

*RIDEAU*

# CINQUIÈME TABLEAU

*L'inspecteur de police & un gardien de la paix*

*La même pièce, fortement éclairée.*
*L'inconnue a disparu.*
*Sur la table de travail bien rangée, une pile de feuillets.*
*La fenêtre est entrouverte. La lueur bleutée d'un gyrophare éclaire régulièrement la pièce.*
*Un homme en civil, vêtu d'un costume sombre assez strict, chemise grise et cravate dénouée est accompagné d'un gardien de la paix en uniforme*

L'INSPECTEUR, *s'adressant au gardien de la paix.* — Prévenez vos collègues que ce n'est pas la peine de remonter.
*Le gardien de la paix s'écarte pour parler dans son* talky.
*Pendant ce temps l'inspecteur tourne un moment dans la pièce.*
*Le gardien de la paix se tient près de la porte tandis que l'inspecteur fouille distraitement la pièce.*
L'INSPECTEUR. — Vous avez interrogé la gardienne?
LE GARDIEN DE LA PAIX. — Oui, elle est d'ailleurs très choquée…
L'INSPECTEUR. — On s'en fout, on n'a pas le temps. Il vivait seul ici?
LE GARDIEN DE LA PAIX. — Non, ici c'est son bureau, deux chambres de bonne qu'il avait fait aménager il y a trois

ou quatre ans, elle ne se souvient plus. Son appartement est au second. Il ne montait que pour travailler. Au fait, on vient de m'appeler : c'est fini. Il n'y a rien à faire. La balle a traversé le cerveau et a fait éclater la boîte crânienne... Il est mort sur le coup. D'après les médecins, cela ne fait aucun doute.

L'INSPECTEUR. — Vers quelle heure la gardienne a-t-elle entendu le coup de feu ?

LE GARDIEN DE LA PAIX. — Un peu avant minuit. Elle est montée aussitôt et l'a trouvé étendu, à côté de sa table de travail. Elle jure n'avoir touché à rien. Elle a juste utilisé le téléphone pour nous appeler...

L'INSPECTEUR, *lui coupant la parole.* — Et elle n'a croisé personne dans l'escalier ?

LE GARDIEN DE LA PAIX. — Personne.

L'INSPECTEUR. — Peut-être l'ascenseur ?

LE GARDIEN DE LA PAIX. — Il est en panne depuis deux jours.

L'INSPECTEUR. — Que vous a-t-elle dit d'autre ?

LE GARDIEN DE LA PAIX. — Elle est dans tous ses états. Normal... Un homme qui avait tellement de talent.

L'INSPECTEUR, *se tournant vers lui.* — Que voulez-vous dire ? Que montait-il faire ici comme travail ?

LE GARDIEN DE LA PAIX. — Vous ne savez pas qui c'est ?

*L'inspecteur ne répond pas. Le gardien de la paix va chercher un livre sur le bord de la table de travail et le tend à l'inspecteur. Celui-ci regarde d'abord la couverture puis retourne l'ouvrage pour lire la quatrième de couverture.*

L'INSPECTEUR. — Et merde ! Va encore falloir faire des rapports à n'en plus finir... (*Pointant son doigt vers le gardien de la paix.*) Et vous autres, pas un mot à la presse. C'est clair ?

LE GARDIEN DE LA PAIX. — Pas de problème. De toute façon les collègues sont restés dans le fourgon...

L'INSPECTEUR. — Et merde! Fallait que ça me tombe dessus, à moi, la nuit du réveillon… Je le trouve où maintenant le commissaire? Jetez un premier coup d'œil rapide, on ne sait jamais…

*Le gardien de la paix entre dans la pièce et se met aussi à fouiller tout en parlant avec l'inspecteur.*

LE GARDIEN DE LA PAIX. — Si je peux me permettre, Inspecteur, a priori le suicide ne fait aucun doute. Il avait encore l'arme à la main, et…

L'INSPECTEUR. — Merci, mais désormais c'est mon boulot. Faut vraiment aimer faire chier le monde pour se flinguer un soir de réveillon… (*Se tournant vers le gardien de la paix, qui fouille un peu partout.*) De la famille? Quelqu'un à prévenir?

LE GARDIEN DE LA PAIX. — Non. D'après la gardienne, depuis son divorce et la mort de son frère, il ne voyait pratiquement plus personne, si ce n'est une jeune femme qui venait lui rendre visite, mais à l'appartement, jamais ici…

L'INSPECTEUR. — Comment sait-elle qu'il ne recevait jamais personne à cet étage?

LE GARDIEN DE LA PAIX. — Parce que c'est elle qui fait le ménage ici, presque tous les matins. S'il recevait des visites, elle le verrait, c'est évident. Elle lave les verres, vide les cendriers…

L'INSPECTEUR. — Et dans son appartement? Elle fait aussi le ménage?

LE GARDIEN DE LA PAIX. — Oui. Mais elle me l'a dit: peu de visites de femmes, si c'est ce que vous voulez savoir. Surtout des dîners professionnels… (*Un temps.*) Il n'y a qu'une jeune femme, qui vient de temps en temps…

L'INSPECTEUR. — Depuis longtemps?

LE GARDIEN DE LA PAIX, *tout en visitant la pièce.* — Il semblerait que personne d'autre ne soit venu ici cette nuit…

L'INSPECTEUR. — Qu'est-ce qui vous fait penser cela?

LE GARDIEN DE LA PAIX. — Je ne sais pas… Ce que vient de dire la gardienne. (*Un temps.*) Regardez dans les cendriers, il n'y a que des mégots de Gauloises sans filtre. C'est ce qu'il fumait, il y a des cartouches dans l'armoire. Il a aussi beaucoup bu ce soir, du whisky, et il n'y a qu'un seul verre…

L'INSPECTEUR. — Bon! Avec un peu de chance on va peut-être pouvoir finir notre Réveillon…

*L'inspecteur tourne un peu dans la pièce, ouvre l'armoire, feuillette quelques livres.*

*Pendant ce temps, le gardien de la paix s'assoit à la table de travail et parcourt la liasse de feuillets.*

LE GARDIEN DE LA PAIX. — Inspecteur…

L'INSPECTEUR. — Oui?

LE GARDIEN DE LA PAIX. — Venez voir une seconde…

*L'inspecteur s'approche de la table de travail pour regarder par dessus l'épaule du gardien de la paix.*

L'INSPECTEUR. — Vous avez trouvé quelque chose?

LE GARDIEN DE LA PAIX, *tout en continuant à feuilleter le document.* — Je ne sais pas, mais c'est bizarre… Regardez ce texte, il vient d'être écrit, le capuchon du stylo est posé à côté et la plume est encore pleine d'encre…

L'INSPECTEUR. — Et où voulez-vous en venir?

LE GARDIEN DE LA PAIX. — Regardez, on dirait une pièce de théâtre.

L'INSPECTEUR. — Et alors, c'est son métier, non? Comment ça s'appelle?

LE GARDIEN DE LA PAIX. — Un titre étrange: *En absence.*

L'INSPECTEUR, *l'interrompant.* — Ça ne veut rien dire…

LE GARDIEN DE LA PAIX.. — Oui, mais lisez les dernières lignes…

*L'inspecteur prend le dernier feuillet et lit à haute voix.*

L'INSPECTEUR. — « Même la mort ? Vous ne croyez pas si
« bien dire ! Et moi aussi je suis capable de choisir où,
« quand et comment… *L'homme ouvre alors le tiroir*
« *central de sa table de travail, sort un revolver, enfonce le*
« *canon dans sa bouche et tire.* »


*RIDEAU*

CE PREMIER TITRE DE LA
COLLECTION L'ŒIL DU SOUFFLEUR
DÉDIÉE AU THÉÂTRE A ÉTÉ COM-
POSÉ AU DÉTOUR DE L'AN NEUF
L'ÉDITEUR REMERCIE ANNICK
AING POUR LA RÉALISATION
DES TIRAGES ET DES SCANS
AN IV DE L'ARCHANGE MINOTAURE
ANNO MIRABILE VI.

à paraître dans la même collection

Julie MÉNARD
*UNE BLESSURE TROP PRÈS DU SOLEIL*

Frédéric FERRER
*APOPLEXIFICATION À L'AIDE DE LA RÂPE À NOIX DE MUSCADE*

# L'œil

## du souffleur

*Oh, monsieur, vous savez bien que la vie est
pleine d'innombrables absurdités qui poussent
l'impudence jusqu'à n'avoir même pas besoin de
paraître vraisemblables : parce qu'elles sont vraies.*

Luigi PIRANDELLO

je me limite à tout

L'Archange Minotaure

ARCHANGEMINOTAURE @ WANADOO.FR

702 CHEMIN DES PUITS - 84400 APT

N° D'ÉDITEUR 2-914453

ISBN 2-914453-54-X

DÉPÔT LÉGAL Iᵉ TRIM

M M V

IMPRIMÉ PAR

FRANCE QUERCY À CAHORS

DIFFUSION CED - DISTRIBUTION LES BELLES LETTRES